Internetadressen für PGP-Leser/innen

VORWORT

ZUGÄNGE

PRAXIS

HINTERGRÜNDE

KIRCHENJAHR / ENTWÜRFE

HOFFNUNG

Liebe Leserinnen und Leser,

Lars Charbonnier,
PGP-Schriftleiter

Alle Jahre wieder nähern wir uns dem Fest der Feste. Weil Maria guter Hoffnung war, feiern wir die Erlösung unseres Lebens. Weil Gott Mensch wurde, ist die Hoffnungsbotschaft lebendig – selbst im Tod. „In den Worten ‚Ich hoffe auf den Herrn' ist die Summe der ganzen christlichen Lehre enthalten, welche nicht im Augenschein, sondern im Hoffen beruht“, hat Martin Luther formuliert. Welch ein hoffnungsvolles Fest Weihnachten ist, zeigen uns die Kinder anschaulich auf, kommt doch das deutsche Wort hoffen von „hüpfen“, „(vor Erwartung unruhig) springen“, „zappeln“.

Umso erstaunlicher, dass Hoffnung so selten Thema religiöser Bildungsprozesse ist. Und es drängt sich die Frage auf, woran das liegt? Weil es sich um eine Haltung handelt, die schwer anerziehbar ist? Weil die reine Reflexion wenig hilft? Unsere Autorinnen und Autoren gehen den Fragen in dieser Ausgabe nach. Sie reflektieren die Notwendigkeit der Hoffnung für den Menschen. Außerdem kommen viele zu Wort, die uns verraten, was Hoffnung für sie bedeutet – vielleicht kann mit diesen Zitaten auch weitergearbeitet werden? Dass die Hoffnung eine zutiefst biblische Disziplin ist, wird erläutert, und wie das Lesen Hoffnung stiftet, anschaulich beschrieben. Was es heißt, im Hauptberuf für Hoffnung zu stehen, wird gefragt, und hoffnungsstiftende Angebote werden vorgestellt. Wir sind überzeugt: Hoffnung gehört ins Zentrum unserer gemeinde- und religionspädagogischen Arbeit, und es ist gut, sich immer wieder mit ihr zu beschäftigen. Immer wieder und gerade in diesen Wochen und Monaten angesichts der Entwicklungen in unserem Land und auf unserem Planeten, die manche Hoffnung zum Schwinden bringen. Wie gut, dass wir jährlich automatisch an die Hoffnung erinnert werden! So gesehen habe ich nichts gegen Vorboten des Festes schon im August …

Zappeln und hüpfen Sie also fröhlich der Weihnacht entgegen und ins neue Jahr hinein – mögen unsere Beiträge Ihnen dazu spannende Impulse für Ihr Denken und Handeln geben! „Der Gott der Hoffnung erfülle euch mit Freude und Friede!“ (Röm 15,13)

Diese Ausgabe enthält als Beilage den Weihnachtskatalog des chrismon-shops der Evangelischen Verlagsanstalt, Leipzig. Wir bitten um freundliche Beachtung.

Seid getrost und unverzagt!

(5. Mose 31,6)

Margot Käßmann

Im fünften Buch Mose wird erzählt (31–34), wie Mose, diese große Gestalt der biblischen Geschichte, sich auf seinen Abschied und auch auf den Tod vorbereitet. Gott hatte ihn das Land, das verheißen war, noch von einem Berggipfel aus sehen lassen. Aber Gott hat auch klar gemacht, dass Mose dieses Land selbst nicht betreten würde, sondern Josua das Volk Israel auf der letzten Etappe führen sollte.

Und Mose? Er könnte ja jetzt hadern: Ich habe so viel geleistet, das ist ungerecht. Oder: Niemand kommt heran an meine Führungsqualität, ich werde gebraucht! Aber nein, er beschwert sich nicht, sondern akzeptiert in aller Ruhe, dass seine Zeit vorbei ist. Zuallererst setzt er Josua ganz offiziell als seinen Nachfolger ein. Danach hinterlässt er ein Ritual, durch das sich die kommenden Generationen an den Weg Gottes mit seinem Volk erinnern sollen. Ein Land braucht Erinnerungskultur! Und dann ermutigt Mose alle miteinander: „Seid getrost und unverzagt." (5. Mose 31,7) Das finde ich wunderbar! Ein Mensch darf einen Blick auf die Zukunft werfen, die voller Hoffnung ist. Eine Zukunft aber, die er selbst nicht mehr gestalten wird.

Nun müssen wir sagen: So gelobt war das Land am Ende ja gar nicht. Das Volk Israel siedelte sich nach der biblischen Erzählung zwar an, hatte aber schwere Zeiten vor sich, wurde schließlich im Jahr 70 nach Christus vertrieben in alle Welt. Erst nach der Katastrophe des Holocaust, der Shoa, konnte 1948 ebendort der Staat Israel gegründet werden. Und auch heute durchlebt Israel schwere Zeiten, von außen angefeindet, innerlich oft zerrissen, ohne konkrete Aussichten auf ein Zusammenleben in Frieden. Was also hat Mose gesehen? Er hatte sein Volk aus der Sklaverei in Ägypten in die Freiheit führen wollen. Nach 40 langen Jahren in der Wüste erreicht es endlich das Land, in dem „Milch und Honig fließen". Mose hat vom Berg Horeb aus also gesehen, wie es sein könnte, ein friedliches Zusammenleben der Menschen, ausreichend Nahrung für alle, Gerechtigkeit in den Beziehungn. Freiheit, den Glauben zu leben und ja, Glück – dafür stehen wohl Milch und Honig. Es war eine Vision vom guten Leben.

Mir ist wichtig, dass die Mosegeschichte klar macht: Verantwortung ist auf Zeit verliehen. Wir sollten sie wahrnehmen, aber auch abgeben können. Es ist eine innere Freiheit, loslassen zu können und darauf zu vertrauen, dass andere den eingeschlagenen Weg weitergehen werden.

In unserem Zeitalter des Individualismus meint jeder Mensch, absolut einzigartig sein zu müssen. Durch Leistung, durch Kleidung, oder durch Tattoos. Da kann es guttun, sich im Zusammenhang mit anderen zu sehen: Ich bin schlicht Teil einer Tradition, einer Familie der Kinder Gottes, einer Kette der Weitergabe des Glaubens. Auch der Tod hat dann eine andere Bedeutung. Ich lebe den mir zur Verfügung stehenden Lebensabschnitt bewusst. Aber dann kann ich mein Leben auch wieder zurückgeben in die Hand Gottes.

Dabei gibt es immer wieder Enttäuschungen. Aber die bringen uns nicht zum Verzweifeln. Denn uns ist bewusst, dass Menschen verführbar sind wie Adam und Eva, zu Gewalt neigen seit Kain und Abel, größenwahnsinnig sind wie beim Turmbau zu Babel. Trotzdem wird seit den Zeiten des Mose eine Vision davon tradiert, wie anders es sein könnte, Menschen könnten in Frieden und Gerechtigkeit, in Freiheit und ohne Hunger leben. Diese Hoffnung treibt Christinnen und Christen in jeder Generation neu an. Und so entfaltet das Bild von Mose auf dem Berg immer neu seine Kraft.

Margot Käßmann ist ehemalige Pastorin der Evangelisch-lutherischen Landeskirche Hannover und ehemalige Vorsitzende des Rates der Evangelischen Kirche in Deutschland. Seit Juli 2018 genießt sie ihren Ruhestand.

Interviews: Was mir Hoffnung gibt

Vom Friseurhandwerk in die Altenpflege

20 Jahre arbeitete *Sherri Duke* als Frisörin. Dann wollte die alleinerziehende Mutter etwas Neues ausprobieren und wechselte in die Pflege. Heute arbeitet sie mit großer Begeisterung als Pflegekraft im „Sophienheim" der Diakonie Fürth.

Von der Frisörin zur Pflege:
eine Herausforderung.
Etwas Neues gewagt,
Begeisterung erlebt.
Keinen Tag mehr
möchte ich missen.
Das Team ein echtes Team
und endlich wieder Zeit
für meinen Sohn.
Die Arbeit fordert und erfüllt,
es kommt so viel zurück,
das Strahlen der alten Dame,
sie kann jetzt selbst
den Krapfen essen,
den ich ihr halbierte:
Freude, die wir teilen.

https://www.diakonie-bayern.de/kampagnen-messen-veranstaltungen/jahresthema-1718-hier-kommst-du-an/geschichte-des-ankommens-september-2017.html

Stimmen von Kindern zu Hoffnung

Hoffnung – Woran denkst du?

Dass eine gemeine Lehrerin endlich in Rente geht und dass es Frieden auf der Welt gibt und dass die Erde nicht so schmutzig ist und alle Vegetarier sind und das mein Geburtstag gut wird.
Arno 11

Ich denke daran, dass man die Hoffnung selbst in den schlimmsten Zeiten nicht verlieren darf. Dass man mit Hoffnung große Erfolge erzielen kann. Oft hoffe ich, dass ich einen Test gut bestehe. Durch die Hoffnung bekommt man oft neuen Mut.
Nora 11

Für mich ist Hoffnung, dass jeder gerecht behandelt wird, jeder genug zu essen hat und das es keinen Krieg mehr gibt! Das es anderen Menschen gut geht!! Das ist für mich Hoffnung!
Lina 10

Ich denke daran, dass etwas Gutes passiert ist. Ich denke daran, dass jemand auf Gott hofft und ihn bittet etwas Gutes zu tun oder ein Wunder zu schicken. Ich hoffe, dass ich in der Schule gute Noten bekomme.
Rebekka 10

Hoffnung ist für mich, wenn jemand etwas glaubt, wovon er nicht weiß, ob es wahr wird. Hoffnung ist meist etwas, was man gut oder schön findet. Ich hoffe, dass es allen Menschen auf der Welt gut geht und dass es gerecht auf der Welt ist. Es soll keinen Krieg mehr geben und keinen Streit. Hoffnung hat, finde ich, auch etwas mit Glauben zu tun. Denn bei Gefahr hofft man, dass Gott einem hilft.
Lisa 10

Hoffnung

Hoffnung heißt die zweite Seite der Medaille. Das, was uns aufmerksam macht für das Verborgene oder das dem Offensichtlichen Entzogene: „L'essentiel est invisible pour les yeux…" lehrt der Fuchs den kleinen Prinzen und weitet den Blick.

Hoffnung ist auch einfach mal ein Widerspruch: „Ich sehe das anders…", oder: „Trotzdem werde ich …". Was für ein Lebensmut häufig in solchen frechen Trotzköpfen oder überzeugten Widerständigen steckt!

Solche Menschen brauche ich um mich, die hinter Fassaden schauen, laut denken oder gegen den Strom schwimmen. Lebensentdecker, Neugierige, Überzeugte, Faszinierte …

Dass ich selbst meine Hoffnung nicht verloren habe, merke ich häufig daran, dass ich mitten in Not, Angst oder Ärger mein Lachen nicht verliere, ein inneres, ganz stilles. Eine leise, lebensfrohe und freundliche Freiheit. Was für ein Geschenk Gottes, das mir diese zweite Seite, der Widerspruch, das hoffend-wagende Aufbrechen, der weite Blick für das Wesentliche, eröffnet.

Stefan Reimers ist Oberkirchenrat. Er hat die Abteilungsleitung Personal im Landeskirchenamt der Evang.-Luth. Kirche in Bayern inne.

Ein Journalist hatte mir vor einigen Jahren eine Frage gestellt: »Was wünschen Sie sich noch für Ihr Leben?« Ich sagte: »Ich habe soviel erlebt und erfahren, das einzige, was ich mir noch wünsche, sind Enkelkinder.«

Der Journalist war etwas verblüfft: »Wie kann man heute noch Kinder in die Welt setzen?« fragte er. Das haben Eure Großmutter und ich uns natürlich auch gefragt, als wir heirateten. Wir hatten beide als Kinder den Krieg erlebt. Wir wussten, Frieden ist nicht selbstverständlich. Aber trotzdem haben wir Kinder gewollt und uns auf sie gefreut. Das ist bei vielen jungen Erwachsenen heute anders. Sie entrüsten sich nicht mehr über das Unrecht in dieser Welt, und sie verlieren auch Zuversicht und damit die Fähigkeit und die Kraft, sich den Herausforderungen des persönlichen und öffentlichen Lebens zu stellen.

Wenn ich von »Zuversicht« spreche, dann ist das eine andere Bezeichnung für Hoffnung, für Vertrauen in Verheißung. Ohne Hoffnung kann niemand leben und handeln. Das sprechendste Beispiel dafür ist immer noch die Situation der Krankheit. Hoffnung mobilisiert Kräfte der Gesundung. Wo die Hoffnung verlorengeht, da fehlt eine wichtige innere Kraft, um sich der Krankheit entgegenzustemmen. Das gilt weit über den Bereich von körperlicher Gesundheit und Krankheit hinaus. Wo keine Verheißungen mehr lebendig sind, da erlahmen die Lebenskräfte.

Manfred Kock

Wer damals wegging, brauchte viel Mut. Man fiel auf, wurde wie ein Feind behandelt, man verlor vielfach seine Arbeit oder wurde degradiert. Von den Behörden wurde man schikaniert. Aber weil die Weggehenden eine neue Hoffnung hatten, ertrugen sie das alles. Aber nie gehen alle weg. Auch 1989 nicht. Trotz aller Angst, die immer noch da war, haben die Menschen dann angefangen, gegen die Regierung zu protestieren. Überall im Land gingen die Menschen auf die Straße. Sie hatten endlich etwas dagegenzusetzen: Ihre Hoffnung auf Veränderung und ihre Fähigkeit, gemeinsam etwas zu tun und sich beizustehen. Und dann zu hören, zu glauben, sich darauf zu verlassen, dass wir ganz zuletzt, vielleicht ganz am Ende (oder auch ganz plötzlich) nicht mehr unserer Angst gehören, sondern Gott, dass eine stärkere Liebe existiert als die, die wir Menschen zustande bringen, das lässt manche Menschen Hoffnung finden, wenn andere aufgeben. Es lässt sie Schritte machen, wenn andere schon liegengeblieben sind. Wir können Angst nicht aus der Welt vertreiben. Aber Gott und Menschen sei Dank – sie bleibt nicht unsere Herrin.

Joachim Gauck

Mein Wunsch für Euer Leben: dass Ihr Christen werdet und bleibt, dass Ihr eine Sprache für Eure Hoffnungen und Wünsche behaltet. Selbst wenn Ihr Euch einmal verabschiedet von dieser Sprache, so wünsche ich, dass Ihr die Geschichten gelernt habt, die von der Freiheit und der Würde der Menschen sprechen und vom Geheimnis, dessen Name Gott ist. Ich wünsche, daß Ihr die Schöpfungsgeschichte kennt, die erzählt, dass der Anfang des Lebens gut war; dass Ihr den Propheten Jesaia kennt, der von einem Land singt, in dem die Blinden sehen, die Lahmen tanzen und die stumm Gemachten ihre Sprache wiedergefunden haben. Ihr solltet die Psalmen kennen, die Lieder des Lobes und die großen Schreie nach Trost und Gerechtigkeit. Was ist, wenn diese Sprache verlorengeht? Dann haben wir nicht mehr als uns selbst und als unsere eigene Stimme. Wenn es Euch schwerfällt, sie zu sprechen und ihre Hoffnungen zu teilen, dann denkt daran, dass es die Sprache Eurer Eltern ist, Eurer Großeltern und all der Toten, die vor ihnen waren. Wir kommen mit dieser Sprache von weit her, aus einem fernen Land der Wünsche, Hoffnungen und Träume. Und so seid Ihr nicht allein.

Dorothee Sölle

Als Dreijährige ging ich aus eigenem Entschluss in den Turnverein und durfte dort bald bei den älteren Kindern mitturnen. Als eine neue Turnlehrerin uns dem Alter gemäß neu einteilte, mich kompromisslos zurückstufte und ich ergebnislos protestiert hatte, beendete ich meine Turnerei bis zum Ausscheiden dieser Turnlehrerin.

Ich war Kindergottesdienst-Helferin. Was im Winter problemlos ging, wurde im Sommer durch die Wettkämpfe an Sonntagen schwierig. Der Pastor verlangte eine Grundsatzentscheidung: Sport oder Kirche. »Für Ihre Tochter ist der Sport der Gott«, beschwerte er sich hinterher bei meiner Mutter. Als Weltklasse-Athletin bekam ich Jahre später eine Postkarte: Wenn er von meinem Talent gewusst hätte, hätte er sich anders verhalten. Nun beglückwünschte er mich zu den Erfolgen.

Mancher Sieg auf dem einen Feld ist zugleich eine Niederlage auf dem anderen. Diese Verschränkung habe ich immer wieder entdeckt. Eine Entdeckung, die Trost und Hoffnung, Ende und Anfang ist.

Liesel Westermann-Krieg

Alle Texte dieser Seite aus: Klaus Möllering (Hrsg.): Worauf du dich verlassen kannst. Prominente schreiben ihren Enkeln. Leipzig 2014, 12. Auflage, 143 f.

Hoffnung lernen

Vera Dröge

„Hoffnung ist etwas, was alle Menschen haben und brauchen." (Emil, 10 Jahre).

„Hoffnung gehört irgendwie zum Menschen dazu. Das muss jeder denken." (Clara, 9 Jahre).

Die Statements der beiden Kinder zu ihren Vorstellungen zum Begriff Hoffnung lassen eine gemeinsame Grundlinie erkennen: Hoffnung ist etwas dem Menschen Innewohnendes. Vielleicht sogar eine anthropologische Grundkonstante?

„Hoffentlich hält die Beziehung, hoffentlich schaffe ich mein Arbeitspensum, hoffentlich werde ich nicht krank. Hoffentlich gelingt die geplante Feierlichkeit, hoffentlich bleibt das Wetter schön oder hoffentlich regnet es mal wieder. Hoffentlich ..."

Hoffnung scheint wie ein Motor unseres Lebens zu wirken und als Antrieb unserer Existenz. Vom Aufstehen und dem Hoffen auf Ereignisse für den konkreten Tag bis zu Hoffnungen, die sich auf die entferntere Zukunft beziehen, steuern diese Erwartungen das menschliche Handeln. Das Hoffen bekommt damit die Funktion eines – meist eher unbewussten – Wegweisers durch das Leben. Dieser Wegweiser des Hoffens gilt sowohl für den Migranten, der sich auf die gefährliche Überfahrt aufs Mittelmeer begibt, als auch für jedes einzelne Individuum. „Hoffnung setzt sogar (d. Verf.) Kräfte frei, die über Leben und Sterben entscheiden können." (Heinrich/Gottardo 2017, 2)

Gelingt es Kindern also intuitiv zu erfassen, was Abläufe innerhalb der evolutionären Anthropologie deutlich zeigen? Hoffnung gibt den Antrieb für menschliche Entwicklungsprozesse und die Motivation, um ein bestimmtes Ziel zu erreichen. Hoffnung gibt die Kraft, etwas zu verändern oder Wagnisse einzugehen. Das Hoffen auf einen positiven Ausgang oder wenigstens auf eine Verbesserung der derzeitigen Situation trägt dazu bei, dass Menschen Grenzen überschreiten können. So kann dieser Motivationsschub „die Kraft der Hoffnung" (ebd., 3) über das Überleben oder Sterben, über den Erfolg oder das Scheitern entscheiden.

Im medizinisch-psychologischen Bereich haben diverse Studien (vgl. u. a. Rief 2017) diese physiologisch wirkende Kraft messbar und unter dem Stichwort *Placebo-Effekt* (Glauben hilft) erklärbar machen können. Ist diese Art der Zuversicht, die eine sogenannte *self-fulfilling prophecy* herbeiführen kann, also tatsächlich etwas, „(...) was alle Menschen haben und brauchen"? (Emil, 10 Jahre) Oder besteht in der heutigen Zeit die Gefahr, dass diese Gabe den Menschen in die Irre führt? Vor allem, wenn sich eine Art Erfüllungsoptimismus breit macht. „Die Vielfalt der Optionen" (Heinrich/Gottardo 2017, 4) – alles scheint möglich und machbar – stellt eine neue Herausforderung für das zuversichtliche Hoffen dar. Ist es an der Zeit, das Hoffen (neu) zu lernen und vielleicht sogar im Bildungsbereich dezidiert zu lehren?

Fest steht, dass Hoffnung als ausschließliches Diktat des positiven Denkens in eine Sackgasse führt. Studien mit Menschen, die besondere Schicksalsschläge erlitten haben, konnten das eindeutig belegen. Lebenskrisen, Krankheiten oder Probleme allein durch positive Gedanken bewältigen zu wollen, gilt schon länger als überholt. (Auch wenn uns Lebensratgeber häufig das Gegenteil suggerieren.) Ebenso wenig hilfreich ist ein solcher *Terror des positiven Denkens* für die betroffenen Personen, eher setzt dies noch stärker unter Druck. Um eine Krise zu bewältigen und wieder – im Sinne eines zukünftigen

> *„Hoffnung ist eben nicht Optimismus auf einen guten Ausgang, sondern die Gewissheit, dass etwas Sinn hat – egal, wie es ausgeht."*

Erwartens – hoffen zu können, muss zunächst die Gegenwart akzeptiert werden.

Der Philosoph und Mediziner Giovanni Maio beschreibt diese Form des Hoffens als Annahme der Situation, auch wenn sie schmerzhaft ist. „Hoffnung ist also dadurch charakterisiert, dass sie die widrige Realität nicht übertüncht, sondern sie bejaht, aber so, dass sie sich von ihr zugleich nicht überwältigen lässt". Dem Hoffenden wird bewusst, „(...), dass die Zukunft grundsätzlich unverfügbar ist und sich der Eintritt des Erhofften nicht restlos planen und garantieren lässt" (Maio 2015, 75).

Hoffnung impliziert somit eine Doppeldeutigkeit: Einerseits gibt sie den Weg frei für das Anerkennen der (widrigen) Wirklichkeit, andererseits erahnt sie, was darüber hinaus noch möglich ist.

Nicht nur auf die zwei Bedeutungen verweist diese Beschreibung, sie lässt eine weitere Komponente des Hoffens sichtbar werden. Die Begrenztheit der menschlichen Verfügungsgewalt und das Respektieren, dass das Eintretende nicht nur allein von meinem Handeln abhängig ist. Hoffnung wird damit deutlich mit einer demütigen Haltung gegenüber der menschlichen Machbarkeit verbunden. „Die einzig echte Hoffnung ist die, welche sich auf etwas richtet, was nicht von uns abhängt." (Marcel 1957, 130)

Die Definitionen aus Philosophie und Ethik sind eigentlich als bekannt und zumindest zum theoretischen Kanon gehörend, vorauszusetzen. Sie greifen heraus, was bereits im alttestamentlichen Buch Hiob berichtet wird. Erst die Akzeptanz der misslichen Situation, bei gleichzeitigem Respektieren der Grenzen der eigenen Macht ermöglicht eine Veränderung bzw. Umkehr der Geschehnisse. „Darum habe ich unweise geredet, was mir zu hoch ist und ich nicht verstehe. So höre nun, lass mich reden, ich will dich fragen, lehre mich!" (Hiob 42,3–4)

Bei Hiob führt das Bejahen von Realität und das Eingeständnis die Unkontrollierbarkeit des eigenen Lebens in eine neue Form des Hoffens und damit zu Gott. Das Ende der menschlichen Hoffnung ist hier Gott, der sich aber nur zu erkennen gibt, da Hiob sich seiner veränderten Perspektive und damit der Lebensrealität stellt. Die Hoffnung richtet sich nicht mehr nur auf Optimismus und Heilung, sondern darauf, die Grenzen des Möglichen zu erkennen. Hoffnung wird damit wieder ihrer eigentlichen begrifflichen Konnotation *spes* (lat.) gerecht. Spes bezieht sich zwar auch auf Zukünftiges, was aber zwei Seiten haben kann: Positiv sowie auch negativ „Hoffnung ist eben nicht Optimismus auf einen guten Ausgang, sondern [...] die Gewissheit, dass etwas Sinn hat – egal, wie es ausgeht." (Havel 1987)

Ein solches Verständnis von Hoffnung verweist auf die Ursprünglichkeit und auf die Ambivalenz der Begrifflichkeit. Es kann als ein Gegenentwurf zur gesellschaftlichen Multioptionsdynamik und „gegen die unkritische Verehrung des grenzenlosen Optimismus" (Heinrich/Gottardo 2017, 2) gelesen werden.

Wobei der Weg – wie oben gezeigt – zu diesem Verständnis keineswegs selbstverständlich ist. Wie werden also diese Gedanken im Bildungsbereich aufgegriffen? Gibt es hier bis dato konkrete Ideen für *Lehr-Wege* zum sinnvollen Hoffnungslernen?

Ein Blick in den Sächsischen Grundschullehrplan Evangelische Religion – als prädestiniertes Werk für Antworten auf Fragen nach Sinnhaftigkeit und Hoffnungsvisionen – ➜

lässt wenig hoffen: Ganze drei Mal (vgl. LP GS- RU/e 2009) erscheint der Begriff. Noch hoffnungsloser wird der Leser, wenn er erkennt, dass Hoffnung nie als obligatorischer Lerninhalt vorgesehen ist, sondern nur die Form eines Hinweises zugeschrieben wird. Selbst innerhalb der Behandlung neutestamentlicher Perikopen wie Wundererzählungen oder Gleichnisse (Lk 5,12–19; Lk 19,1–9; Mt 13,31–32) erscheint der Begriff Hoffnung nur als ein Thematisierungsvorschlag neben vielen.

Diese mangelnde Beachtung des Begriffs Hoffnung führt dazu, dass der Lehrplan eine (Lern-)Chance vergibt. Nämlich die Chance in einem Fach, das Fragen nach dem Sinn des Lebens behandeln und aus religiöser Perspektive beantworten möchte, Begriffe adäquat zu füllen. Gerade anhand der Evangelien ließe sich *eine neue oder andere Form des Hoffens* lernen. Hoffnung ist in den Evangelien nicht als primäre Erwartung auf die Zukunft hin zu verstehen. Hoffnung wird als Heilserwartung in bzw. durch Gott gedacht. Diese Form der Hoffnung ist durch und im Glauben erfahrbar. Gott wird so zur Hoffnungsimplikation (vgl. Conzelmann 1968). Eine solche oderso verstandene verstandene Hoffnungsimplikation kann es durchaus mit den zuvor erwähnten Hoffnungsdefinitionen aufnehmen. Hoffen zu lernen und Hoffnung zu lehren wären auf diesem Wege möglich, da der Glaube an eine Transzendenz Menschen für die Bewältigung der kleinen und großen Koinzidenzen des Lebens stärkt. Hoffnung und Vertrauen sind dem (aufgeklärten) Glauben inhärent, es muss nur endlich wieder darüber gesprochen werden.

Hoffen zu lernen in einer lebensförderlichen Relevanz kann jedoch nur gelingen, wenn die Begrifflichkeit *Hoffnung* an unterschiedlichen Lernorten thematisiert wird. Der Begriffsinhalt muss mit Narrativen, Bildern und Emotionen gefüllt werden, damit Hoffnung wieder in ihrer tatsächlichen Konnotation erschließbar wird. Meines Erachtens könnte diese Form der Begriffsarbeit zur Förderung von religiöser Resilienz etwas beitragen und die individuelle Entwicklung eines jeden Kindes positiv unterstützen.

Literatur

Bardke, H.: Hoffnung im Alten Testament in: Religion in Geschichte und Gegenwart, Bd. II, Tübingen 1968, 415–418.

Chochinov H.M. et al.: Dignity in the terminally ill: a developing empirical model. Social science & medicine 2002; 54, 433–443.

Conzelmann, H.: Hoffnung im Neuen Testament in: Religion in Geschichte und Gegenwart, Bd. II, Tübingen 1968, 415–418.

Gottardo, A./ Heinrich, Ch.: Positives Denken: Wie mächtig ist die Hoffnung? DIE ZEIT Nr. 37/2017, Hamburg.

Havel, V.: Fernverhör, Reinbek 1990.

Maio, G.: Den kranken Menschen verstehen. Für eine Medizin der Zuwendung, Freiburg 2015.

Marcel, G.: Philosophie der Hoffnung. Überwindung des Nihilismus, München 1957.

Internetquellen

Lehrplan Ev. Religion:

https://www.schule.sachsen.de/lpdb/web/downloads/lp_gs_evangelische_religion_2009.pdf?v2, zuletzt abgerufen am 20.08.18

Rief, W. Studie 2017:

https://www.zeit.de/2017/03/herzoperationen-bypass-kardiologie-herzchirurgie, zuletzt abgerufen am 19.08.18

Vera Dröge ist Dozentin für Religionspädagogische Praxis (Grundschule und Gemeinde) an der Evangelischen Hochschule Moritzburg.

Willkommen auf Informationsreisen für Geistliche und Mitarbeiter der Gemeinde

ntdecken Sie heilige Stätten und geschichtsträchtige Orte in über 24 Ländern weltweit zu 'orzugspreisen. Lernen Sie Land und Leute bei Begegnungen, sowie uns persönlich, kenen. Vertiefen Sie theologische und länderkundliche Themen an authentischen Plätzen.

ie Informationsreisen finden schon ab 12 Personen statt. Sie werden durch unsere Mitrbeiter und fachkundige Reiseleiter begleitet. Vor Ort beraten wir Sie individuell über ie maßgeschneiderte Gestaltung einer möglichen Gruppenreise und wie Sie dadurch den ufbau Ihrer Gemeinde, Ihrer Bildungsgruppen oder die Chorentwicklung fördern können.

esellige Atmosphäre und reger Austausch unter den Amtskolleginnen und Amtskollegen unden die intensive und erlebnisreiche Zeit ab.

ls Geistliche, haupt- und ehrenamtliche Mitarbeiter der Gemeinde, Chor- und Bildungsursleiter sowie Gruppenverantwortliche sind Sie auf unseren Informationsreisen herzlich illkommen. Engagierte Gemeinde-, Chormitglieder oder Kursteilnehmer, die Sie bei der lanung und Bewerbung einer Gemeindereise unterstützen möchten, oder andere Beleitpersonen können gegen einen kleinen Aufpreis selbstverständlich auch mitfahren.

Wenn Sie innerhalb der nächsten 3 Jahre nach Ihrer Teilnahme an der Informationsreise eine Gruppenreise mit mindestens 20 Teilnehmern in das gleiche Zielland mit uns durchführen, erstatten wir Ihnen die anteilige Gruppenleiterpauschale zurück.

Schon im ersten Quartal 2019 können Sie sich unseren Informationsreisen mit Begegnungen nach Armenien, Israel, Portugal, Italien, Jordanien u.v.a. anschließen.

Kommen Sie mit und gewinnen Sie neue Impulse für Ihre Gemeindearbeit.
Wir beraten Sie gern.

Über ReiseMission: Reisen ist unsere Mission!

Als Partner der ökumenischen Gemeinschaft führen wir seit 1999 maßgeschneiderte Gruppenreisen für Kirchen, kirchennahe Organisationen, Bildungseinrichtungen und Pfarrkonvente mit Kompetenz und Leidenschaft durch. Der Pfarrer i. R. und Gründer der ReiseMission Günter Grünewald lässt seine Erfahrungen aus der langjährigen Gemeindearbeit in die Reisekonzeption einfließen.

NFORMATIONSREISEN 2019 (Preise für Begleitpersonen auf Anfrage)

Tage ARMENIEN p. P. im DZ € **635**
erevan - Edschmiatsin - Kloster Geghard u.v.a.
eisezeit: 04.03. - 09.03.19 | Anmeldefrist: 11.12.18

Tage BALTIKUM p. P. im DZ € **685**
ilnius - Kaunas - Klaipeda - Riga - Tallin u.v.a.
eisezeit: 01.04. - 05.04.19 | Anmeldefrist: 30.12.18

Tage CHINA p. P. im DZ € **875**
eking - Chinesische Mauer - Shanghai u.v.a.
eisezeit: 19.02. - 25.02.19 | Anmeldefrist: 16.11.18

Tage GRIECHENLAND p. P. im DZ € **575**
then - Delphi - Korinth u.v.a.
eisezeit: 08.04. - 12.04.19 | Anmeldefrist: 08.01.19

Tage INDIEN p. P. im DZ € **890**
elhi - Mandawa - Jaipur - Agra u.v.a.
eisezeit: 25.03. - 31.03.19 | Anmeldefrist: 21.12.18

Tage IRAN p. P. im DZ € **695**
hiraz - Persepolis - Isfahan - Yazd u.v.a.
eisezeit: 04.11. - 09.11.19 | Anmeldefrist: 01.07.19

5 Tage IRLAND p. P. im DZ € **495**
Dublin - Clonmacnoise - Halbinsel Dingle u.v.a.
Reisezeit: 18.02. - 22.02.19 | Anmeldefrist: 16.11.18

6 Tage ISRAEL-JORDANIEN p. P. im DZ € **675**
Jerash - Amman - Madaba - Petra - Jerusalem u.v.a.
Reisezeit: 20.01. - 25.01.19 | Anmeldefrist: 15.11.18

6 Tage ISRAEL-PALÄSTINA p. P. im DZ € **595**
Nazareth - Jericho - Bethlehem - Jerusalem u.v.a.
Reisezeit: 20.01. - 25.01.19 | Anmeldefrist: 15.11.18

5 Tage ITALIEN - Sizilien p. P. im DZ € **495**
Catania - Ätna - Taormina - Agrigent - Palermo u.v.a.
Reisezeit: 18.03. - 22.03.19 | Anmeldefrist: 18.12.18

5 Tage MALTA - Gozo p. P. im DZ € **395**
Valletta - Mdina - Blaue Grotte - Insel Gozo u.v.a.
Reisezeit: 04.03. - 08.03.19 | Anmeldefrist: 04.12.18

5 Tage PORTUGAL p. P. im DZ € **575**
Lissabon - Alçobaca - Nazaré - Fátima - Porto u.v.a.
Reisezeit: 04.03. - 08.03.19 | Anmeldefrist: 04.12.18

5 Tage RUMÄNIEN p. P. im DZ € **520**
Bukarest - Bran - Prejmer - Sibiu u.v.a.
Reisezeit: 25.03. - 29.03.19 | Anmeldefrist: 20.12.18

5 Tage RUSSLAND p. P. im DZ € **595**
Moskau - St. Petersburg - Puschkin u.v.a.
Reisezeit: 08.04. - 12.04.19 | Anmeldefrist: 07.01.19

5 Tage SPANIEN - Jakobsweg p. P. im DZ € **585**
Burgos - León - Lugo - Santiago de Compostela u.v.a.
Reisezeit: 25.03. - 29.03.19 | Anmeldefrist: 21.12.18

9 Tage SÜDAFRIKA p. P. im DZ € **1.390**
Johannesburg - Krüger Nationalpark - Kapstadt u.v.a.
Reisezeit: 23.06. - 01.07.19 | Anmeldefrist: 26.03.19

5 Tage ZYPERN p. P. im DZ € **495**
Limassol - Paphos - Omodos - Salamis u.v.a.
Reisezeit: 11.11. - 15.11.19 | Anmeldefrist: 09.11.18

Weitere Inforeisetermine 2019 u. a. nach Rom, Andalusien, Georgien, Usbekistan, in den Balkan, in die Türkei etc. wollen Sie bitte anfragen.

HRE VORTEILE BEI ReiseMission:

- Individuelle Beratung und flexible Reisegestaltung
- Buchung von Flug, Bahn, Bus, Schiff etc.
- Pilgerreisen für Wanderer und Nicht-Wanderer
- Deutschsprachige fachkundige Führungen
- Begegnungen mit Gemeinden, Organisationen vor Ort
- Gottesdienst- und Andachtsmöglichkeiten
- Komplettes Informations- und Kartenmaterial
- Unterstützung bei den Marketing-Maßnahmen

JUBILÄUMSANGEBOTE FÜR GRUPPEN UND ZUBUCHER - 20 Jahre ReiseMission

Als Dankeschön an unsere treuen Reisegäste, Freunde und Partner für das jahrelange Vertrauen unterbreiten wir anlässlich unseres 20-jährigen Jubiläums (03.02.2019) ausgewählte Gruppenangebote zu Sonderpreisen.

4 Tage DEUTSCHLAND p. P. im DZ ab € **495**
Ostseeküste und Orgelklänge

5 Tage ITALIEN p. P. im DZ ab € **495**
Auf den Spuren von Leonardo da Vinci - 500. Todesjahr

7 Tage ITALIEN - Sizilien p. P. im DZ ab € **950**
Von der Antike bis zur Gegenwart

6 Tage GEORGIEN p. P. im DZ € **845**
Das Christentum im Land des Goldenen Vlieses

8 Tage ISRAEL-Palästina p. P. im DZ € **1.075**
Auf biblischen Spuren im Heiligen Land

8 Tage JORDANIEN p. P. im DZ € **1.295**
Biblisches und nabatäisches Kulturland

ehmen Sie Kontakt mit uns auf. Wir beraten Sie gern und gestalten Ihre individuelle Gruppenreise in über 70 Ländern weltweit, darunter in: Argentinien - Armenien - Äthiopi- - Baltikum - Belgien - Brasilien - China - Dänemark - Deutschland - Finnland - Frankreich - Georgien - Griechenland - Großbritannien - Indien - Iran - Irland - Island - Israel - Italien - Japan - Jordanien - Kroien - Malta - Mexiko - Montenegro - Namibia - Niederlande - Norwegen - Österreich - Palästina - Polen - Portugal - Rumänien - Russland - Schweden - Schweiz - Spanien - Südafrika - Tschechen - USA - Zypern

ReiseMission - ökumenisch und weltweit • Pilgerreisen • Studienreisen • Gemeindereisen • Begegnungsreisen • Chor- und Konzertreisen
Jacobstraße 8-10, 04105 Leipzig • Tel.: 0341 308 541-0, Fax: 0341 308 541-29 • info@reisemission-leipzig.de, www.reisemission-leipzig.de

Wieviel Hoffnung braucht der Mensch?

Hoffnung auf der Palliativstation

Daniel Küstner

Hoffnung ist der Motor, der uns am Leben hält. Hoffnung auf Gesundung, die Geburt des Enkels, die Kinder weiter aufwachsen zu sehen, mal wieder richtig essen zu können, noch einmal eine langersehnte Reise zu machen. In der Welt der Hochleistungsmedizin hat die Hoffnung einen schweren Stand. Ich arbeite als Arzt auf einer Palliativstation und werde täglich mit der Hoffnung meiner Patienten konfrontiert. Als Erstes stellt sich mir die Frage: Was ist denn genau die Hoffnung, die Du hast? Ist es der Glaube an den Machbarkeitswahn der modernen Medizin? Die meisten meiner Patienten haben, wenn sie zu uns kommen, ihre Hoffnung verloren. „Jetzt bin ich auf der Sterbestation gelandet, wo man nur mit den Füßen zuerst heraus kommt." Ich nehme mir Zeit für den Patienten, setze mich ans Bett und versuche, den bisherigen Leidensweg zusammenzufassen. Dann kommt die Frage: Was plagt dich und was wünschst du dir? Gerade die Frage nach den Wünschen ist ungewohnt, das fragt mich der Arzt, wo ich doch auf der Endstation bin? Aber sie lenkt den Fokus auf eigene Wünsche, auf die Hoffnung. Ich versuche realistisch zu sein und auf die Wünsche einzugehen. Könnte es klappen? Reichen die Kräfte? Auch frag ich: Was gibt Dir Halt und Kraft? Und auch: Hast du Angst vorm Sterben? Das Gespräch eröffnet oft viele Räume und Gedanken und lässt Hoffnung blühen. „Wenn die Hoffnung auf Heilung unwahrscheinlich ist, muss das nicht bedeuten, dass jemand ohne Hoffnung ist." Hoffnung ist gerade keine verbriefte Sicherheit, eigentlich so wie der Glaube. Der Glaube, dass wir nicht alles in der Hand haben. Dass es Dinge gibt, die sich unserem Verstand entziehen, dass wir nicht alles voraussagen können. Das Leben ist ein Wunder und das bleibt es. Erst das Akzeptieren der Situation, auch wenn sie schmerzhaft ist und schlechter, ermöglicht neue Hoffnung. **„Hoffnung"**, sagt Giovanni Maio, **„ist dadurch charakterisiert, dass sie die widrige Realität nicht übertüncht, sondern bejaht, aber sich von ihr nicht überwältigen lässt."** Eine Hoffnung, die sich den jeweiligen Verhältnissen anpasst, ist ein Zugeständnis an das Chaos des Lebens, an dessen Unkontrollierbarkeit.

Mir wurde es deutlich, als sich beispielsweise eine alte Dame, deren Nieren versagten, sich zum Sterben niederlegte. Die Kollegen hatten ihr gesagt, dass sie ohne Dialyse nicht leben könne. Sie versuchte die Dialyse einmal und sagte mir dann, bitte sorgen sie dafür, dass ich das nie wieder ertragen muss. Ich habe es ihr versprochen und wir haben uns lange über ihr Leben unterhalten, es gewürdigt. Auch sprach sie davon, wie schön es ist, ihre Urenkel weiter aufwachsen zu sehen, und trauerte sie, Abschied nehmen zu müssen. Tage später kam sie mir auf dem Flur wieder entgegen gelaufen

und ist glücklich in die Obhut nach Hause gegangen. Sie hat noch ein halbes Jahr gelebt und kam zu uns, um friedlich zu sterben. Diese Geschichte ist kein Einzelfall. Oft sehen wir, dass die Hoffnung die Lebensgeister weckt und Kräfte bündelt, gerade weil sie keine Sicherheit und keine platte Realität ist.

Hoffnung ist auch Kraft für die Familie, die Partner. Dinge müssen besprochen werden und dazu braucht der Mensch Zeit. Ich ermuntere und gebe den Rat, auch die letzten Dinge zu besprechen. Das, was gesagt ist, kann nicht mehr unausgesprochen quälen und vor der Nacht angekrochen kommen und die Hoffnung rauben.

Ohne Hoffnung könnte ich nicht arbeiten. Die Arbeit ist dankbar, weil sie viel Raum bietet, zuzuhören, sich ans Bett zu setzen. Der Druck fehlt, immer etwas tun zu müssen. Oft kann ich beobachten, wie Dinge von selbst wachsen, auch vertrauen auf Hoffnung gehört dazu.

Ein Leitgedanke ist für mich der 91. Psalm: „Denn er hat seinen Engeln befohlen, dass sie dich behüten auf allen deinen Wegen, dass du deinen Fuß nicht an einen Stein stoßest." Ich habe diesen mit meinem Chor bei der Ostermesse in der Lateransbasilika in Rom gesungen. Gibt es schönere Worte, um Zuversicht und Hoffnung zu beschreiben?

Daniel Küstner arbeitet als Stationsarzt auf der Palliativstation des Helios Klinikums Erfurt.

Hoffnung und Seelsorge

Yvette Schwarze

Die Evangelische Kirche in Deutschland bezeichnet die Seelsorge als *Muttersprache* der Kirche. Seelsorge sollte also etwas sein, was unser Denken und Handeln prägt, wie eine Sprache, die ich schon mit der Muttermilch eingesogen habe. In den Weiterbildungen sprechen wir daher davon, dass die Teilnehmerinnen und Teilnehmer in möglichst vielen Bereichen ihres Dienstes eine seelsorgliche Haltung einnehmen oder einüben sollen. In der Seelsorge geht es also nicht nur darum, bestimmte Gesprächstechniken oder möglichst viel Fachkompetenz zu lernen, sondern es geht um diese innere Haltung. Um diese zu entwickeln, braucht es Zeit, Übung und den Mut, sich auch als Person den Themen der Seelsorge zu stellen. In den Weiterbildungen spielen dafür die *Arbeit an der eigenen Person* und Selbsterfahrungseinheiten eine entscheidende Rolle. Wo nun kommen die Hoffnung und Seelsorge zusammen? Dabei ist erst einmal zu fragen, worauf sich die Hoffnung richtet. Das kann sehr vielfältig sein. Ein paar Hoffnungsmomente der Seelsorge möchte ich daher herausgreifen und bedenken, ohne den Anspruch auf Vollständigkeit zu erheben:

Seelsorge ist Hoffnung schlechthin. Seelsorge stiftet Hoffnung. Und hoffnungsvolle Menschen haben meist hilfreiche seelsorgliche Erfahrungen gemacht. Dies begründet sich schon in der Botschaft des Evangeliums. Als Evangelium sehe ich dabei besonders, die Hoffnung über den Tod hinaus, die Hoffnung auf einen gnädigen Gott und die Botschaft von der bedingungslosen Liebe Gottes. Wenn Seelsorger das weiter geben und leben, dann ist das hoffnungsvolle, christliche Seelsorge. Und das zeigt sich nicht nur durch Gebet und Segen während des Gesprächs. Evangelium geschieht und wird kommuniziert während der Begegnung. Wenn Ratsuchende Annahme erfahren, wenn sie sich verstanden fühlen und wenn sie ermutigt werden, neue Lebensperspektiven zu sehen, dann hat Seelsorge schon viel getan.

Unerlässlich dabei ist, dass der Seelsorger oder die Seelsorgerin selbst aus dem Evangelium heraus lebt. Es geht nicht darum, besonders fromm oder bibelfest zu sein, aber wenn ich die Gnade und die Liebe Gottes im eigenen Leben kenne, dann wird das mein Gegenüber spüren und gegebenenfalls annehmen können. Damit wird deutlich, wie wichtig eine gute Ausbildung für Seelsorger ist. Die Ausbildungseinheiten fragen auch danach, wie ich mit mir selbst im Kontakt bin. Ich möchte das am Beispiel der Trauerbegleitung deutlich machen: Einerseits ist es hilfreich und notwendig, theoretisches Wissen über Trauer und Trauernde zu haben. Welche Herausforderungen müssen Trauernde bewältigen? Welche Phasen kann es geben? Wie werden Krisen erlebt? Das alles kann ich mir anlesen oder referiert bekommen. Das Entscheidende aber ist, was das Thema mit mir selbst macht. Wo habe ich selbst schon Trauer erlebt, was hat mir geholfen, wo gab es und gibt es Widerstände? Was macht mir Angst? Dazu muss ich keine besonders dramatischen Verlusterfahrungen *vorweisen*, aber gerade im Umgang mit Trauernden sollte ich mit meinen eigenen Gefühlen gut im Kontakt sein. So kann ich mein Gegenüber emotional verstehen, seine Gefühle wahrnehmen und ihm Hilfe anbieten. Bei diesem Ansatz macht sich die Seelsorge Erkenntnisse der Gesprächspsychotherapie von Carl Rogers zunutze.

Was mir Hoffnung gibt, ist, dass sich immer mehr Menschen auf dieses Format der Seelsorgeausbildung einlassen. Konkret heißt das für unsere Arbeit am Institut, dass Ehrenamtliche, Gemeindepädagogen, Pfarrerinnen und andere Berufsgruppen nach Seelsorgekursen fragen. Wer Seelsorge geben will, merkt, dass eine Ausbildung unablässig ist. Viele Teilnehmer berichten von einer hohen Nachfrage nach Seelsorge in den Kirchgemeinden. Selten als verabredetes Gespräch im Amtszimmer, häufig zwischen Tür und Angel, bei Besuchen oder am Rand von Gemeindeveranstaltungen. Unsere fragile Zeit lässt Menschen nach Antworten suchen, Sinnfragen stellen und im Glauben wieder mehr Halt finden. Sicher schlägt sich das weniger in den Mitgliederzahlen nieder, aber Christen und Seelsorger sind gefragt, vielleicht weil ihnen noch Deutungen und Zuwendung zum Einzelnen zugetraut werden.

Seelsorge zu leisten bleibt eine Herausforderung. Fast immer kommen die Ratsuchenden mit existenziellen Fragen. Sie kommen in der Hoffnung, dass ihnen die Seelsorge Entlastung verschafft und meist ist das auch das Anliegen der Seelsorger. „Ich möchte helfen. Ich möchte, dass es meinem Gegenüber nach dem Gespräch besser geht." Ein hoher Anspruch also auf beiden Seiten.

Es lohnt sich, noch einmal besonders auf die Krisensituationen zu schauen. Eine Krise (aus dem Griechischen κρίσις scheiden, sich entscheiden) ist

im weitesten Sinn eine Entscheidungssituation, eine Weggabelung im Leben, meist verursacht durch ein (traumatisches) Lebensereignis. Der Tod eines Angehörigen, der Verlust der Arbeitsstelle, eine schwere Krankheit o. ä. zwingt Menschen, ihr Leben neu zu sortieren. Oft berichten Betroffene, dass alles anders geworden ist, dass die Werteskala sich verändert hat, dass sie sich die Frage nach dem Lebenssinn stärker oder erstmals gestellt haben.

Was können Seelsorger leisten? Zunächst – gemessen am Wortsinn der Krise – Wegbegleiter sein. Seelsorger stellen sich als geduldige und ausdauernde Gesprächspartner zur Verfügung. Sie weichen den heiklen Lebensfragen nicht aus und suchen gemeinsam mit den Betroffenen nach hilfreichen Antworten. Gerade in schweren Lebenskrisen ist das eine große Herausforderung an beide. Seelsorge gibt keine oder nur wenige Ratschläge, sie traut dem Gegenüber zu, dass er oder sie die Lösung für sein oder ihr Problem selbst findet. Offene, ehrliche und manchmal auch mutige Fragen können diesen Weg unterstützen. Gleichzeitig gilt es, die schmerzliche Situation gemeinsam auszuhalten. Geistliche Angebote und Deutungsperspektiven ermöglichen ebenfalls neue Sichtweisen. Das könnte z.B. heißen, dass der Seelsorger oder die Seelsorgerin eine biblische Geschichte erzählt, die dem Ratsuchenden einen neuen Horizont eröffnet. Heilsam können auch Psalmgebete, Lieder oder Rituale (Segen, Abendmahl, Salbung) sein. Wichtig erscheint mir dabei, dass der Seelsorger nicht unter einem *Verkündigungsdruck* steht, sondern sich die geistlichen Inhalte situationsgerecht in das Gesprächsgeschehen einfügen.

Abschließend sei zum Thema Seelsorge und *Hoffnung* auf die Wortbedeutung von Hoffnung hingewiesen. Im Grimmschen Wörterbuch ist zu lesen, dass hoffen mit *hüpfen*, *aufspringen*, *erwarten* verwandt ist. Wenn Seelsorge die Seele des anderen im guten Sinn *hüpfen* lässt, wenn wieder Freude und Mut das Leben bestimmen, wenn Herausforderungen angenommen und bewältigt werden, dann ist schon viel Hilfreiches geschehen.

Yvette Schwarze ist Studienleiterin am Institut für Seelsorge und Gemeindepraxis in Leipzig.

Worauf hoffen Menschen ohne Glauben?

Religionssoziologische Skizzen aus dem Kontext mehrheitlicher Konfessionslosigkeit

Sabine Blaszcyk

Worauf hoffen Menschen ohne Glauben? Dieser Frage kann man insbesondere in Ostdeutschland gut nachgehen, denn „Ostdeutschland gilt als das mit Abstand religionsloseste Gebiet weltweit. Nur 8 % der Ostdeutschen glauben an Gott" (Demmrich 2016, 24). Verschiedene Prozesse haben dazu geführt, dass Menschen heute in Ostdeutschland keiner Religionsgemeinschaft angehören. Die Ursachen dieser Entwicklung können hier nicht diskutiert werden, jedoch kann der Einfluss der antireligiösen Propaganda des DDR-Regimes als eine wesentliche Komponente – die auch die Entwicklungen nach 1989 nachhaltig beeinflusste – nicht unberücksichtigt bleiben. Die Kirchenpolitik der DDR hatte für einen relevanten Teil der Bevölkerung der DDR eine Plausibilität entfaltet, die an die Religionskritik der Moderne anschließen konnte und an die sich heute noch anschließen lässt (Wohlrab-Sahr et al. 2009, 16). Aus einer obrigkeitlichen Religionspolitik im Stil einer „forcierten Säkularität" entwickelte sich für viele Menschen ein „säkularer Habitus", dem keine Religion fehlt (Wohlrab-Sahr et al. 2009, 17) und der transgenerational tradiert (Demmrich 2016, 24), also „vererbt", wird. Dabei erweisen sich ostdeutsche Konfessionslose „als plurale Gruppe mit teils divergierenden Interessen. Nur ein Teil sind überzeugte Atheisten, öfter handelt es sich um Menschen, bei denen Religion schon lange keine bedeutende Rolle im Lebensalltag mehr spielt" (Pickel 2013, 12) Doch wie bewältigen Menschen „ohne Glauben" – was für viele gläubige Menschen nach „ohne Hoffnung" klingt – das Leben? Welche Sinnstiftungen bestimmen das Leben?

„Mittlere Transzendenzen" – Sinnstiftungen der mittleren und älteren Generation

Zunächst muss gesehen werden, dass für die konkrete Gestaltung des eigenen Lebens bei Konfessionslosen innerweltliche Probleme und Erklärungen dominieren. „Etwas, was sie übrigens nur begrenzt vom Gros der Kirchenmitglieder unterscheidet." (Pickel 2013, 27). In den Jahren 2003–2006 generierte ein Forscherteam mittels biographischer Interviews mit konfessionslosen bzw. konfessionell gebundenen Menschen dreier Generationen aus dem Gebiet der ehemaligen DDR postsozialistische Konzepte der Sinnstiftung und Transzendierung und subsumierte diese Konzepte unter dem Begriff der „mittleren Transzendenzen". In Abgrenzung zu „kleinen Transzendenzen" (Erfahrung, dass es etwas gibt, was über mein Hier und Jetzt hinausgeht) und „großen Transzendenzen" (vorgestellte Erfahrungen der Grenzüberschreitungen des Hier und Jetzt, insbesondere Vorstellungen, die sich auf das Überschreiten der Grenze des Todes und das Danach beziehen) verweisen „mittlere Transzendenzen" auf Sozialität und beziehen sich auf Grenzen, die durch andere Personen gesetzt sind, aber auch auf überindividuelle Bilder, die der Selbsterhöhung und der kollektiven Sinnstiftung dienen (Wohlrab-Sahr et al. 2009, 263 f.). In den Motivkomplexen und Semantiken von „Gemeinschaft", „Ehrlichkeit" und „Arbeit" fand das Forscherteam „mittlere Transzendenzen", die alle Befragten (die Generationen wie auch den konfessionellen Status übergreifend) miteinander teilten. Anders gesagt, sind (innerweltliche) Hoffnungen unter ostdeutschen Menschen erstaunlich konform ausgerichtet auf idealisierte Konzepte einer solidarisch und gemeinschaftlich basierten Gesellschaft der Arbeitenden, die nicht „egoistisch" ist (Wohlrab_Sahr et al, 2009, 267; 286) und in der ein „ehrlicher Habitus" gefragt ist – ein Habitus, der gegenüber den Versprechungen der kapitalistischen Gesellschaft skeptisch bleibt und „der über die für sie nötigen Kompetenzen – der Rücksichtslosigkeit und des Betrugs – nicht verfügt, und der sich im eigenen Konsum wie den eigenen Entwicklungsansprüchen auf das ‚Reelle' bescheidet" (Wohlrab-Sahr et. al. 2009, 281). Insbesondere die Wertschätzung der Arbeit als „Dreh- und Angelpunkt des Lebens" erwies sich in den Untersuchungen als Phänomen, das ganze Familien umspannen kann (Wohlrab-Sahr et al. 2009, 282 ff.). Außerdem fungieren „Werte, die in dieser Welt liegen, wie Familie, Freunde, Liebe, die eigene Person, der eigene Verstand, persönliche Vorstellungen und Stärken […] als Ankerpunkte" (Domsgen 2014, 14 f.), wobei – deutlich stärker gewichtet als in Westdeutschland – der Familie als „unhintergehba-

rem Ort des Sozialen" und „wesentlicher Referenzpunkt individuellen Handelns" (Wohlrab-Sahr et al., 19) eine eminente Bedeutung zukommt.

Die jüngere Generation und ihr Verhältnis zur „großen Transzendenz"

Die intensive Forschung unter ostdeutschen Jugendlichen konnte Spuren der Veränderung aufdecken: Die jüngere Generation in Ostdeutschland bewege sich durchaus *kognitiv-intellektuell* auf „große Transzendenzen" zu und denke „in Dimensionen, die den älteren Generationen fremd seien. Diese vage Öffnung könnte bisher auf vier Ebenen empirisch belegt werden. Erstens zeige sich eine bekenntnisfreie *intellektuelle Aufgeschlossenheit* gegenüber religiösen Themen, da es zunehmend als persönliches Informationsdefizit betrachtet werde, sich nicht über religiöse Themen äußern zu können. Die zweite Ebene betrifft die sog. *agnostische Spiritualität*, d.h. einen Jenseitsglauben, welcher jedoch inhaltlich nicht religiös gefüllt sei. Drittens ist belegt, dass auch in Ostdeutschland v.a. Jugendliche an die *Existenz einer übermenschlichen (unpersönlichen) Macht* glauben und dies als Ersatz eines Gottesbildes fungieren kann. Die vierte Ebene betrifft das *persönliche Gebet* sowie außerchristliche, religiöse Rituale, welche von ostdeutschen Heranwachsenden durchgeführt werden" (Demmrich 2016, 25). Insbesondere das Konzept der „agnostischen Spiritualität" grenzt sich dabei deutlich von religiösen (z.B. christliche Auferstehungshoffnung) wie materialistischen (keinerlei Jenseitshoffnung) Konzepten ab. Hier greifen weder christliche Semantiken noch wird einem reinen Atheismus zugesprochen, allerdings wird versucht „die Tür zur großen Transzendenz einen Spalt zu öffnen bzw. offen zu halten", und an die Stelle eines traditionell christlichen Konzeptes treten „Versatzstücke wissenschaftlicher, parapsychologischer, medialer und neureligiöser Deutungsmuster" (Wohlrab-Sahr et al. 2005, 158). Jedoch bleibt auch für etliche junge Menschen in Ostdeutschland eine rein naturwissenschaftliche Betrachtung des Todes weiterhin tragfähig (Wohlrab-Sahr et al. 2005, 173).

Im Dialog von Menschen „mit Glauben" mit Menschen „ohne Glauben" sind gegenseitige defizitäre Zuschreibungen nicht förderlich. Eine Kommunikation auf Augenhöhe kann sowohl anerkennen, dass Menschen durchaus ihr Leben meistern können mit rein innerweltlichen Ankerpunkten, als auch vermeiden, dass ein Leben mit religiösen Hoffnungen als unwissenschaftlich-rückständig etikettiert wird.

Literaturliste:

Domsgen, Michael (2014): Konfessionslosigkeit. Annäherungen über einen Leitbegriff in Ermanglung eines besseren, in: Domsgen, Michael / Evers, Dirk (Hrsg.). Herausforderung Konfessionslosigkeit. Theologie im säkularen Kontext, Leipzig, 9–25.

Demmrich, Sarah (2016): Religiosität und Rituale. Empirische Untersuchungen an ostdeutschen Jugendlichen, Leipzig.

Pickel, Gert (2013): Konfessionslose – das ‚Residual' des Christentums oder Stütze des neuen Atheismus? in: Zeitschrift für Religionspädagogik 12, H.1, 12–31.

Wohlrab-Sahr, Monika / Karstein, Uta / Schaumburg, Christine (2005): „Ich würd' mir das offenlassen". Agnostische Spiritualität als Annäherung an die „große Transzendenz" eines Lebens nach dem Tod, in: Zeitschrift für Religionswissenschaft 23, 153–173.

Wohlrab-Sahr, Monika/Karstein, Uta/Schmidt-Lux, Thomas (2009): Forcierte Säkularität. Religiöser Wandel und Generationendynamik im Osten Deutschlands, Frankfurt u.a.

Sabine Blaszcyk ist Dozentin am Pädagogisch-Theologischen Institut in Neudietendorf.

Hoffnung unter Kindern und Jugendlichen

Materielle Voraussetzungen und subjektive Empfindungen

Caroline Hahn

Damit junge Menschen hoffnungsvoll auf ihr Leben und ihre Zukunft blicken können, ist es zunächst notwendig, dass bestimmte materielle Grundbedürfnisse erfüllt und sie keiner permanenten Unsicherheit ausgesetzt sind. Dies kann sich auf die finanzielle Lage der Familie oder die umweltbedingten Rahmenbedingungen ihres Lebens beziehen, wie Umweltverschmutzung oder Kriminalität in der Nachbarschaft.

Für den UNICEF *Bericht zur Lage der Kinder in Industrieländern* von 2013 wertet das Kinderhilfswerk Daten verschiedener Institutionen, wie Eurostat, OECD, Weltgesundheitsorganisation oder Weltbank, aus, um belastbare Aussagen über das kindliche Wohlbefinden treffen zu können und international zu vergleichen. Dabei werden 5 Dimensionen betrachtet, die die Bereiche: materielles Wohlbefinden, Gesundheit und Sicherheit, Bildung, Risikoverhalten sowie Wohnen und Umwelt umfassen. Die Messung von materiellem Wohlbefinden greift zurück auf die Kriterien der in Deutschland mit 10 % ermittelten relativen Kinderarmut, die den Mangel an verschiedenen Gütern wie bspw. ein eigenes Zimmer, regelmäßige Mahlzeiten, Freizeitaktivitäten oder Familienurlaube mit einbezieht. Bei der Erhebung von Gesundheit und Sicherheit werden Säuglingssterblichkeit, Geburtsgewicht, Impfrate sowie die Todesrate bei Kindern und Jugendlichen zwischen 1 und 19 verglichen. Besonders gut schneidet Deutschland mit Rang 3 im Bereich Bildung ab. Mit 96 Prozent der 15- bis 19-Jährigen sind überdurchschnittlich viele Kinder im deutschen Bildungs- und Ausbildungssystem erfasst. Zudem zeichnet sich Deutschland im PISA Test durch ein hohes Leistungsniveau aus. Auch beim sogenannten Risikoverhalten steht Deutschland mit Platz 6 vergleichsweise gut da. Bei dieser Dimension werden u. a. Aspekte wie körperliche Auseinandersetzungen, Mobbing, Übergewicht sowie Alkohol- und Drogenkonsum betrachtet. Mit der 5. Dimension werden außerdem bestimmte Wohnprobleme bei den Familien mit Kindern erfasst, wie dunkle und feuchte Räume oder fehlende Badezimmer bzw. Toiletten. Außerdem werden verschiedene Umweltbedingungen in Form der Kriminalitätsrate und der Luftverschmutzung in der direkten Umgebung in die Bewertung einbezogen.

Unter Berücksichtigung der verschiedenen Dimensionen kindlichen Wohlbefindens, schneidet Deutschland insgesamt im Vergleich mit 29 Industrieländern mit Rang 6 gut ab. Es stellt sich aber die Frage, ob die Gewährleistung guter materieller Rahmenbedingungen ausreichend ist für eine hoffnungsvolle Sicht der Kinder und Jugendlichen auf das Leben, das vor ihnen liegt. Aus diesem Grund inkludiert der UNICEF Bericht außerdem die subjektive Einschätzung zur Lebenszufriedenheit. Dazu wurden Kinder im Alter von 11, 13 und 15 Jahren befragt. Hierbei zeigt sich ein gewisser Wiederspruch in Deutschland. Nur 85 Prozent der Jugendlichen geben an zufrieden bzw. eher zufrieden mit ihrem Leben zu sein, womit Deutschland im internationalen Vergleich von 29 Ländern nur auf Rang 22 liegt. In keinem anderen Land ist die Diskrepanz zwischen materiellem Wohlbefinden und der tatsächlichen Lebenszufriedenheit größer als in Deutschland.

Um diesen Unterschied zu erklären, verweist die UNICEF Studie auf den hohen Leistungsdruck und das geringe Selbstwertgefühl der Kinder und Jugendlichen als Ursache. Hier sieht die Studie den Bedarf einer größeren Teilhabe, indem den jungen Menschen die Möglichkeit zur selbständigen Entwicklung gegeben ihnen und genügend Freiräume geschaffen werden.

	Rangliste: Kindliches Wohlbefinden		Rangliste: Lebenszufriedenheit von Kindern
1	Niederlande	1	Niederlande
2	Norwegen	2	Island
3	Island	3	Spanien
4	Finnland	4	Finnland
5	Schweden	5	Griechenland
6	**Deutschland**	6	Belgien
7	Luxemburg	7	Norwegen
8	Schweiz	8	Schweiz
9	Belgien	9	Estland
10	Irland	10	Slowenien
11	Dänemark	11	Schweden
12	Slowenien	12	Irland
13	Frankreich	13	Dänemark
14	Tschechische Republik	14	Großbritannien
15	Portugal	15	Italien
16	Großbritannien	16	Österreich
17	Kanada	17	Luxemburg
18	Österreich	18	Frankreich
19	Spanien	19	Tschechische Republik
20	Ungarn	20	Lettland
21	Polen	21	Portugal
22	Italien	**22**	**Deutschland**
23	Estland	23	USA
24	Slowakei	24	Kanada
25	Griechenland	25	Slowakei
26	USA	26	Ungarn
27	Litauen	27	Litauen
28	Lettland	28	Polen
29	Rumänien	29	Rumänien

Quelle: Deutsches Komitee für UNICEF: Leistungsstark, aber unglücklich? UNICEF-Bericht zur Lage der Kinder in Industrieländern 2013

Bezug der Studie zur kirchlichen Arbeit mit Kindern und Jugendlichen

Kirchgemeinden sind Spiegelbilder der Gesellschaft, auch wenn die verschiedenen Milieus nicht vergleichbar vertreten sind. Häufig kommen die Kinder und Jugendlichen in den Kirchgemeinden aus sicheren materiellen Verhältnissen. Auch die Kirchgemeinden sind materiell und hinsichtlich ihrer Räumlichkeiten meist gut ausgestattet.

Die Mitarbeitenden erleben aber, dass sich nur wenige Jugendliche für religiöse Themen interessieren. Kirchliche Traditionen verlieren in deren Lebenswirklichkeit an Bedeutung. Diese Entwicklung kann als frustrierend empfunden werden, eine Trendumkehr ist derzeit nicht erkennbar. Immerhin praktizieren die Kirchgemeinden eine lebendige Arbeit mit Kindern und Jugendlichen. Was kann dabei ein belebendes Moment für die Zukunft sein?

Die Studie setzt viel Hoffnung auf die Beteiligung von Kindern und Jugendlichen, indem ihnen Möglichkeiten und Freiräume zur selbständigen Entwicklung geboten werden. Kann das ein Weg sein, die subjektive Lebenszufriedenheit, letztlich die „Zufriedenheit" mit der Kirche zu steigern? Ich vermute: ja! Etwas, das ich selbst gestalten kann, das sich auch nach meinen Vorstellungen entwickelt, kann für mich wertvoll werden. Natürlich bestehen Kirchgemeinden nicht nur aus Kindern und Jugendlichen, und das Abwägen verschiedener Interessen ist stets auch notwendig. Aber wenn man Zukunft gestalten will, reicht es nicht, sich auf die Tradition zu besinnen, es braucht auch angemessene Veränderungen. Und dafür braucht es Menschen, die sich beteiligen!

Uwe Hahn

Caroline Hahn hat Ihren Master in Empirischer Politik- und Sozialforschung an der Universität Stuttgart abgeschlossen. Aktuell ist sie Doktorandin am GESIS – Leibniz Institut für Sozialwissenschaften und arbeitet in der deutschen Erhebung des European Social Survey.

Hoffnungsvolles Altern

Eine Einladung, sich in das Offene des nächsten Augenblicks zu stellen

Petra Müller

Hoffnung: der Blick in die ferne und nahe Zukunft
Hoffnung hat immer etwas mit dem Blick in die Zukunft zu tun. Heutzutage haben Menschen, die in den Ruhestand gehen, oft noch ein Viertel ihres Lebens vor sich, das viele Möglichkeiten der Gestaltung bietet. Viele der Generation 60 Plus sind voller Erwartungen und Hoffnungen: Wenn ich im Ruhestand bin, dann ... Wenn sie dann in der nachberuflichen Phase angekommen sind, sagen sie häufig: Endlich kann ich ... Oft ist es auch die Zeit, in der sie vermehrt mit ihren Enkelkindern zusammen sind. Das ist - neben allem anderen - auch deshalb interessant, weil wir mit den nachfolgenden Generationen immer Zukunft verbinden – und damit auch Hoffnung, die wir in sie legen und die wir ins Leben und in die Welt haben.

Aber auch alt gewordene Menschen haben noch Erwartungen an die Zukunft, auch wenn der Zeitrahmen des Lebens überschaubar geworden ist. Solange ich das noch kann ...; noch einmal möchte ich ... Nun ist aus der „Endlich-Zeit“ die „Solange-Zeit“ geworden. Der Blick von hochbetagten Menschen ist dann eher auf die nahe, als auf die ferne Zukunft gerichtet: auf die kommende Woche, den nächsten Tag, den Abend. Vielleicht hofft man, die Geburt des Urenkels noch zu erleben, auch wenn man weiß, dass man bei seinem Schulabschluss nicht mehr auf dieser Welt sein wird.

Hoffnung als Leitbild für das Altern
Wenn man Menschen unterschiedlichen Alters und unterschiedlicher Generationen fragt, was sie mit dem Alter verbinden, dann fallen die Antworten sehr unterschiedlich aus. Sie bewegen sich zwischen den Vorstellungen, die wir vom Alter haben – den sogenannten Altersbildern –, den Erfahrungen, die wir machen, den Realitäten, die wir wahrnehmen und den Menschen, denen wir begegnen. Sie sind aber auch von unseren Hoffnungen – neue Freiheit etc. – und unseren Befürchtungen – nachlassende Kräfte, Gebrechlichkeit, Angewiesen-Sein u. a. – geprägt.

Noch bevor die jungen, aktiven Alten, die Best Ager, in aller Mund waren, kamen Mitte der 1990er Jahre die Theorien des „erfolgreichen Alterns“ und des „produktiven Alterns“ auf. Die Begrifflichkeiten führen ein wenig in die Irre, weil wir mit ihnen wahrscheinlich Leistung, Erfolg und Gewinn verbinden. Doch „erfolgreiches Altern“ versucht zu ergründen, was dazu beitragen kann, dass Leben im Alter gelingen kann. Die Theorie des „produktiven Alterns“ geht davon aus, dass ehrenamtliches

Engagement und andere Betätigungsfelder sich sinnstiftend im Alter auswirken können. In Auseinandersetzung mit diesen Theorien brachte 2003 die Theologin Ursula Schmitt-Pridik in ihrer Dissertation den Begriff des „hoffnungsvollen Alterns" in die Diskussion ein. Mit „hoffnungsvollem Altern" verbindet sie eine positive innere Haltung. Sie macht die Hoffnung zu einem Leitbild für das Altern.

Diesen Theorien und Leitbildern ist gemein, dass sie vom Altern sprechen und nicht vom Alter. Das Altern bezeichnet den Prozess des Älterwerdens und nicht wie das Alter eine bestimmte Lebensphase oder ein kalendarisches Alter.

Hoffnung öffnet ...

„Ich will euch geben Zukunft und Hoffnung" – eine Verheißung Gottes, die uns beim Propheten Jeremia begegnet (Jeremia 29,11). Die Hoffnung auf Zukunft, die Erwartung von Zukunft gehört zum Wesen des Menschen. Hoffnung ist eine Grundbefindlichkeit, sie ist eine innere Haltung – und im Sinne Jeremias: Geschenk Gottes. Sie ist eine Lebenskraft, die sich positiv auf Körper, Seele und Geist auswirkt. Unsere eigene Begrenztheit, unsere Bruchstückhaftigkeit lässt den Menschen eine Sehnsucht nach mehr Leben entwickeln.

Hoffnung hat verschiedene Aspekte: eine Ausrichtung auf die Zukunft, den Wunsch, dass sich etwas wenden möge, aber auch die andere Seite der Hoffnung gehört dazu; denn zu den Hoffnungen gesellen sich schnell auch die Befürchtungen. „Die kleinste Hoffnung ist besser als die schlimmste Befürchtung", sagte Mark Twain.

Hoffnung öffnet. Jürgen Moltmann definiert Hoffnung mit „hoffend offen sein". Auch Schmitt-Pridik spricht von Offenheit: Hoffnung ist eine innere Haltung, die den Menschen einladen will, in Offenheit und mit Zuversicht auf das Alter(n) und seine Gestaltung zuzugehen. Wer hoffnungsvoll altert, geht offen auf die Zukunft zu." Menschen, die diese hoffnungsvolle Haltung versuchen zu leben, werden selbst zu Hoffnungsträgern für andere alte Menschen, aber auch für Menschen anderer Generationen. Am Leben zu sein, ist Hoffnung, sagt der Prediger: „Wer noch bei den Lebenden weilt, hat Hoffnung; denn ein lebender Hund ist besser als ein toter Löwe." Die Aussage des Predigers erinnert ein wenig an das Sprichwort: Wer nicht alt sein will, muss jung sterben. Wer alt ist, lebt. Und wer lebt, kann hoffen – für das eigene Leben, aber auch darüber hinaus: sei es für die Welt im Allgemeinen, für andere Generationen, für nahestehende Menschen, aber auch mit Blick auf eine Hoffnung auf Auferstehung und Ewigkeit.

Mir persönlich gefällt eine Definition des katholischen Theologen Norbert Lohfink sehr: „Hoffnung zu haben bedeutet nicht, Verfügung über die Zukunft zu haben, aber eingeladen zu sein, sich wieder ins Offene des nächsten Augenblicks zu stellen."

Der Hoffnung eine Tür aufmachen

Was kann man selber zu einem „hoffnungsvollen Altern" beitragen? Wie kann man gemeindepädagogisch und seelsorgerlich handeln?

- Man kann ältere und alte Menschen auf vielerlei Weise darin unterstützen und fördern, ihr Interesse wachzuhalten und das „Offensein für den nächsten Augenblick" anzuregen.

- Wir können zum biographischen Erinnern anregen. Biographisches Erinnern ist eine große Kraftquelle und Ressource im Alter(n), denn sie fördert die eigene Selbstvergewisserung. Darüber hinaus kann es einen hoffnungsvollen Blick eröffnen – durch manches Bedrängende in der eigenen Lebensgeschichte hindurch. ➜

■ Einsamkeit, Depression und Hoffnungslosigkeit sind Schatten, die alte und hochbetagte Menschen umgeben können. Wir können zur Beschäftigung mit den Psalmen einladen. Die Psalmen führen uns sehr deutlich vor Augen, dass man durch Bitten und Klagen, Loben und Danken, Zweifeln und Verzagen auch wieder zur Hoffnung vordringen kann. Menschen bringen in den Psalmen Bedrängnis, Unsicherheit, Dunkelheit und Angst zur Sprache, aber auch das, was dem Leben Halt und Sinn gibt. Überall da, wo Leben bedroht ist, ist die Hoffnung gefragt.

Gesegnet mit Zukunft und Hoffnung
„Ein Alter, das sich gesegnet weiß, ist ein hoffnungsvolles Alter" – damit beschließt Schmitt-Pridik ihre Dissertation. In der kirchlichen Arbeit erleben wir immer wieder, wie Menschen sich von einem persönlich zugesprochenen Segen berühren lassen. Sie fühlen sich angeschaut, gesehen, sie öffnen sich dem Zuspruch – einer Verheißung Gottes – und hoffen, dass sie, aber auch die, die zu ihnen gehören, unter dem Schutz Gottes stehen. Das soll uns ermutigen, insbesondere auch in der Arbeit mit älteren und alten Menschen mit dem Segen nicht zu sparen!

Der Aaronitische Segen kann Gewissheit schenken, von Gott angeschaut und gesehen zu sein, Ansehen zu haben und beschützt zu sein. Er schenkt Frieden und Versöhnung.

> Der HERR segne dich und behüte dich;
> der HERR lasse sein Angesicht leuchten über dir und sei dir gnädig;
> der HERR hebe sein Angesicht über dich und gebe dir Frieden.
> 4.Mose 6,24-26

Der Segen des Abram beschenkt mit Zukunft, macht zu Segensträgern und verbindet mit anderen Generationen.

> Ich will dich segnen
> und du sollst ein Segen sein.
> In dir sollen gesegnet werden
> alle Geschlechter auf Erden.
> aus 1.Mose 12

Mit Hoffnung und Zukunft beschenkt die Verheißung Gottes aus dem Buch Jeremia.

> Ich weiß, was ich für Gedanken über euch habe:
> Gedanken des Friedens,
> dass ich euch gebe
> Zukunft und Hoffnung.
> Jeremia 29,11

Vielleicht öffnet ein persönlich zugesprochenes Segenswort einem älteren und alten Menschen das Herz. Vielleicht findet jemand wieder hindurch zur Hoffnung. Vielleicht lässt es ihm oder ihr ein Lied über die Lippen kommen, so dass sie oder er zu singen beginnt: „Meine Hoffnung und meine Freude, meine Stärke, mein Licht. Christus meine Zuversicht, auf dich vertrau ich und fürcht mich nicht. Auf dich vertraue ich und fürcht mich nicht."

Petra Müller ist Diplompädagogin für Erwachsenenbildung und Theologie und arbeitet als Referentin in der Fachstelle Alter der Nordkirche im Hauptbereich Frauen und Männer, Jugend und Alter. Sie ist Redakteurin der Praxis Gemeindepädagogik.

ZURÜCKGEBLÄTTERT ZUM THEMA DIESES HEFTES

in: Die Christenlehre 7/1954, 332 und 338 f.

LEBENSBILDER

Man kann gewiß der Meinung sein, daß sie (die kirchliche Tradition) die christliche Hoffnung verkürzt und entstellt habe … Ja, sie ist dem Vorwurf ausgesetzt, an der mit der Aufklärung einsetzenden Verweltlichung dieser unserer christlichen Hoffnung wenigstens mitschuldig zu sein. Es ist aber auch die andere Beurteilung der „Tradition" möglich, daß sie trotzdem das Gehäuse darstelle, das die Zukunftserwartung der Bibel – zumindest in bestimmten Zügen – durch Jahrhunderte bewahrt hat …

Es gibt ja diese weltliche Hoffnung, weiterzuleben, in der Erinnerung der Angehörigen. Ein solches Fortbestehen ist freilich, was jedem einleuchten muß, eine sehr fragwürdige und vor allem kurzlebige Angelegenheit, wohingegen das Gedenken des ewigen Gottes sehr real ist und Ewigkeit verbürgt – für den, der glaubt … Ist diese Bürgschaft nicht ungleich gewisser als etwa die einer angenommenen unsterblichen Seelensubstanz?. … Wer sie vertritt, der möge sich fragen, ob er auf diese Karte seine Ewigkeitshoffnung zu setzen sich getraue, in der er doch letzte Antwort nach dem Sinn seines Daseins gibt, oder ob er diese Hoffnung nicht viel gewisser verankern wolle in dem Wort von der Treue Gottes.

Johannes Kupfer

„Meine Hoffnung und meine Freude …"

Taizéandachten als Orte der Hoffnung

Jörg Schulze

„Oh, die Kirche ist ja noch offen. Darf ich eben einen kurzen Blick hineinwerfen?", so begrüßt mich eine Frau um die vierzig freundlich kurz vor Beginn des Abendgebets nach Taizé. Es findet das ganze Jahr über wöchentlich in unserer evangelisch-lutherischen Christuskirche auf Borkum statt. Nun steht sie staunend im Mittelgang und bewundert die stimmungsvoll mit einem Kerzenmeer im Chorraum und mit den Kerzenleuchtern an den Wänden illuminierte Kirche sowie die beleuchteten Petrusfenster über dem Altar. Ein Moment des Schweigens, dann wendet sie sich mir erneut zu: „Was ist jetzt hier? Das sieht ja wunderschön aus!"

Lächelnd erzähle ich ihr kurz etwas über die von Frère Roger Schutz gegründete ökumenische Bruderschaft in Taizé im Burgund, die von dort ausgehende und in alle Welt ausstrahlende Bewegung, den Charakter des Abendgebets und lade sie ein, einfach zu bleiben und es selbst mitzuerleben. Sie zögert, denkt nach … „Mein Mann und ein befreundetes Ehepaar stehen draußen und warten auf mich. Ich muss eben mit ihnen sprechen und sie fragen, ob wir bleiben wollen." Ein paar Minuten später darf ich auch ihre Begleiter herzlich willkommen heißen und ihnen ein Liedblatt für diesen Abend überreichen. Das Glockengeläut setzt ein. Die Kirche füllt sich mehr und mehr. An jedem Freitag feiern wir unser Abendgebet nach Taizé, regelmäßig seit Sommer 2012, in den dunklen Monaten um 20 Uhr, in den helleren um 21 Uhr und im Sommer um 22 Uhr. Wir sind selten weniger als dreißig, in der Saison finden sich oft einhundertzwanzig oder mehr ein, besonders wenn kirchliche Gruppen auf der Insel sind und gemeinsam kommen. Es dauert jeweils zwischen 30 und 40 Minuten.

Der Ablauf bleibt das ganze Jahr über weitestgehend gleich. Nur die Texte und Lieder wechseln passend zur jeweiligen Kirchenjahreszeit und dem folgenden Sonntag. Es gibt bei allen Liedern keine feste Zahl der Wiederholungen. Vielmehr versuchen wir zu erspüren, wie lange sie uns tragen und die Feiernden verbinden, bis sie oftmals leise summend ausklingen. In der Begrüßung erinnern ich bzw. diejenigen, die jeweils das Abendgebet halten, an die Bewegung in Taizé und knüpfen an Erlebtes und Erfahrenes an diesem Tag an. Wir versuchen die Menschen abzuholen und ihnen einen Raum der Besinnung, der Stille und des Gebets zu eröffnen.

Mit Gesängen beten ist eine wesentliche Form der Suche nach Gott. Kurze, stets wiederholte Gesänge schaffen eine Atmosphäre, in der man gesammelt beten kann. Der oftmals wiederholte, aus wenigen Wörtern bestehende und schnell erfasste Grundgedanke prägt sich allmählich tief ein. Meditatives Singen macht bereit, *auf Gott zu hören*, so lesen wir es auf der Website der Communauté von Taizé. Genau das geschieht erlebbar in den Abendgebeten. Immer wieder sind tragende und geübte Stimmen unter den Teilnehmenden, die die anderen mitnehmen und sie in ihrem Gesang mutiger werden lassen. Die nur schwach illuminierte Kirche vermittelt eine Atmosphäre, in der ich ganz bei mir und bei Gott sein kann, zugleich aber im Gesang der Vielen und der gefühlten Nähe zur Gemeinde getragen werde. Das tut gut!

Die Borkumer Konfirmandinnen und Konfirmanden haben die Möglichkeit, alternativ zum Gottesdienst auch das Taizégebet zu besuchen. Einige machen davon rege Gebrauch. Sie kommen zunächst aus Neugier oder weil die abendliche Uhrzeit sie reizt. Und dann kommen einige immer wieder. Sie erspüren die Gebetssituation und verhalten sich anders als im Sonntagsgottesdienst still und angemessen, ohne andere zu stören. Öfter kommen auch Jugendliche, die vor Jahren konfirmiert wurden, die diesen Ort als heilsam erlebt haben und sich daran erinnern, wie gut er ihnen getan hat. Überhaupt ist erstaunlich, wie viele Jüngere und Jugendliche, die gerade in den Sommermonaten als Gäste auf Borkum sind, unsere Andacht mitfeiern. Einige waren schon selbst bei den internationalen Jugendtreffen in Taizé, andere haben davon gehört und es wurde ihre Neugier geweckt.

Das *Lichtermeer* wird von einer engagierten Mitarbeiterin liebevoll und immer wieder anders vorbereitet und gestaltet. Gelbe und orangene Tücher werden auf dem Altar und auf den aufgestellten Kirchentagshockern so arrangiert, dass eine fließende Bewegung durch die Stoffe angedeutet wird. Die Kerzen bringen einen warmen und die Herzen berührenden Schein.

➜

Anfangs hat es noch eine kurze Auslegung innerhalb der Feier gegeben, die aber schon nach einigen Malen wegfiel, denn die Lieder und Texte predigen selber und bedürfen keiner erklärenden Worte. Wir beginnen immer mit dem *Laudate omnes gentes*, welches A-cappella gesungen wird. Es folgt die Begrüßung, eingeleitet mit einem Votum, zum Beispiel: „Nichts führt in innigere Gemeinschaft mit Gott als ein meditatives gemeinsames Gebet mit nicht endenden Gesängen, die in der Stille des Herzens weiterklingen, wenn man wieder allein ist", so lesen wir im Vorwort zu Gesängen aus Taizé. Mit einfühlsamen Worten werden die Teilnehmenden eingeladen, sich für Gott zu öffnen und Freude und Last des Tages vor ihn zu bringen. „Mögen wir Gottes Gegenwart erfahren; mögen die Lieder, Texte und Lichter unsere Herzen froh und hell werden lassen." Es folgt ein Lied und anschließend ein Gebet mit kurzer Gebetsstille für persönliche Gedanken. Ein Psalm wird im Wechsel gesprochen, unterbrochen und gerahmt von einem Gesang, z.B. *Bless the Lord, my soul*. Die Lesung wird meistens aus den Texten der Perikopenordnung ausgewählt, wenn sich nicht ein anderes Tagesthema anbietet. Darauf antwortet ein Gesang, z.B. *Bonum est confidere* oder *Meine Hoffnung und meine Freude*. Die Phase der Stille dauert ca. fünf Minuten und ist eine besondere und wohltuende Erfahrung der Meditation und Andacht inmitten unserer sonst so aktiven und lauten Alltagswelt, in die sich manche erst mühsam einfinden müssen, die sie aber zugleich als wohltuend und heilsam empfinden. Das Fürbittengebet wird vom *Kyrie eleison* eingeleitet und die einzelnen Bitten werden damit gemeinsam singend vor Gott gebracht. Sie nehmen allgemeine, persönliche und tagesaktuelle Themen auf. Zum Vaterunser und Segen erhebt sich die Gemeinde und nimmt dann noch einmal für ein abschließendes Lied und eine Musik zum Ausklang Platz. Die musikalische Begleitung erfolgt am Flügel, der im Chorraum der Kirche neben dem *Lichtermeer* steht. Leise bewegen sich der Liturg und Kirchenmusiker nun zum Ausgang. Viele verharren noch, oder bleiben – den Anblick genießend – vor den Kerzen stehen. Einige machen Fotos. Die andächtige Atmosphäre bleibt erhalten, bis die letzte Person den Kirchenraum verlassen hat.

Nach dem Abendgebet stehe ich gemeinsam mit unserem Kirchenmusiker wieder an der Tür und wir verabschieden die Gemeinde. Es gibt wie nach jedem Abendgebet zahlreiche dankbare Rückmeldungen, persönliche Worte, bewegende Gedanken, mitgeteilte Erfahrungen von Trost, Stärkung, Hoffnung und Freude durch die Lieder, Texte, Stille und erlebte Gemeinschaft, und manchmal noch Vieraugengespräche. „Genau das habe ich heute gebraucht", sagt jemand. „Danke!" Auch die beiden Ehepaare geben mir die Hand. Die von mir eingeladene freundliche Frau hält meine Hand einen Moment länger und sagt: „Was für ein Glück. Wir kamen vom abendlichen Kurkonzert auf der Promenade und dem herrlichen Sonnenuntergang. Nur durch Zufall sah ich die offene Tür. Das war so einladend. Und dann dieses so besondere Erlebnis. Einen schöneren Abschluss für diesen Tag hätten wir nicht haben können. Davon muss ich unbedingt unserer Pastorin zuhause erzählen. Am nächsten Freitag sind wir auch noch auf der Insel. Dann kommen wir wieder. Danke, und gute Nacht!"

Jörg Schulze ist Pastor der Ev.-luth. Christus-Kirchengemeinde auf der Nordseeinsel Borkum.

Der Faszination des Lichts auf der Spur

Kinder ergründen das Licht

Die Advents- und Weihnachtszeit ist vielleicht gerade deshalb bei vielen Menschen beliebt, weil in dieser Jahreszeit der Umgang mit zunehmender Dunkelheit ein Thema ist und die Sehnsucht nach Helligkeit und Wärme steigt. Das Element Licht spricht Menschen an. Was ist es denn, das einen anrührt, wenn man eine Kerze, einen leuchtenden Stern, einen mit Lichtern geschmückten Baum sieht? Vielleicht kommt man der Antwort näher, wenn man darüber nachdenkt, welche Rolle Licht im Leben von Menschen spielt.
Licht - das ist etwas vom Allerersten, was ein Neugeborenes wahrnimmt: Es kommt aus dem dämmrigen Dunkel des Mutterleibes ans Licht der Welt. Licht ist ein Zeichen für das Leben selbst. Man spricht vom Lebenslicht eines Menschen, das brenn,t bis es am Ende erlischt. Licht macht das Leben hell, es wärmt, gibt Geborgenheit, schafft innere Ruhe, denn es schenkt Orientierung und Hoffnung.
Für Christen ist die symbolische Bedeutung des Lichts wichtig. Sie assoziieren selbstverständlich Jesus Christus mit dem Symbol Licht, begründet in biblischen Texten, z.B. in Joh 8,12: „Jesus Christus spricht: Ich bin das Licht der Welt!“ und bei Jesaja 9,2, zur Christvesper gelesen und christologisch gedeutet: „Das Volk, das im Finstern wandelt, sieht ein großes Licht!“ Was für Kenner vermeintlich selbstverständlich ist, kann für Kinder und Außenstehende zur Frage werden: Warum spielt das Element Licht gerade in der Advents- und Weihnachtszeit so eine große Rolle? Warum gibt es dieses Lichtermeer in der Advents- und Weihnachtszeit - was hat das mit diesem Jesus Christus zu tun? Warum sagt man, dass Jesus Christus das Licht für die Menschen geworden ist? Was meinen sie damit?

Verschiedene Anregungen und Ideen lassen Kinder staunen und nachdenken, wenn sie die Eigenschaften des Lichts erforschen, die Bedeutung für die Menschen verstehen, gestalterisch umsetzen und darüber ins Gespräch kommen.

Annäherungen und Ideen für Kinder

- Eigenschaften des Lichts erforschen:
  Was lässt Kerzen brennen?
  Warum kann man die Sterne am Tag nicht sehen?
  ab 3 Jahren
- Fotorallye „Licht-Blicke“ –> *ab 4 Jahren*
- Mediation zur Kerze –> *ab 4 Jahren*
- Gestalten: Licht, das die Dunkelheit durchbricht (Spachteltechnik) –> *ab 4 Jahren*
- Was leuchtet im Advent?
  Wettspiel „Dalli dalli!“ –> *ab 5 Jahren*
- Gespräch über das Licht –> *ab 5 Jahren*
- Bilderkundung: Die Anbetung der Hirten (Rembrandt 1646) –> *ab 5 Jahren*
- Lied: Tragt zu den Alten ein Licht

Foto-Rallye

Die Kinder erhalten die Aufgabe, in einer festgesetzten Zeit in Kleingruppen mit einer Kamera, Fotos, z.B. zum Thema Lichtmomente, oder Auf der Suche nach dem Licht aufzunehmen. Die Fotos werden im Plenum präsentiert und gewürdigt. Jede Gruppe kann ihrer Bilderserie eine selbstgewählte Überschrift geben. Eine Diashow mit einer Auswahl einiger Fotos kann z.B. während der Adventsfeier im Kindergarten, im Familiengottesdienst oder im Seniorencafè gezeigt werden.

Für Kinder ab 4 Jahren

Für Kinder ab 3 Jahren

Erforschen: Was lässt eine Kerze brennen?

Jedes Kind weiß, dass eine Flamme ausgeht, wenn der Wind bläst oder die Flamme mit Wasser in Berührung kommt. Aber was lässt eine Kerze brennen? Was denken die Kinder? Was vermuten sie? Was passiert, wenn man das Teelicht mit Gläsern zudeckt? Die Äußerungen der Kinder werden notiert und nach Ablauf des Experiments mit dem Ergebnis verglichen.

Forschermaterialien: zwei Teelichter, zwei Untertassen, zwei Gläser in unterschiedlicher Größe, Streichhölzer oder Feuerzeug

Ablauf: Je ein Teelicht wird auf eine Untertasse gestellt und angezündet. Das kleine und das größere Glas wird über die Teelichter gestellt, so dass sie wie unter einer Glocke stehen. Was ist zu beobachten? Die Teelichte gehen eine nach der anderen aus, zuerst das Licht unter dem kleinen Glas. Welche der vermuteten Antworten stimmt?
Kerzenflammen brauchen den in der Luft enthaltenen Sauerstoff. Ist er verbraucht, gehen die Kerzen aus. Unter dem kleineren Glas ist weniger Sauerstoff als unter dem größeren enthalten. Daher erlischt das Teelicht dort eher.

Erforschen: Warum kann man Sterne am Tag nicht sehen?
Warum sind die Sterne nur in der Dunkelheit sichtbar und nicht auch am Tag? Mit diesem Versuch kann man dieser Frage nachgehen. Die Vermutungen der Kinder werden festgehalten und im Anschluss des Experiments besprochen.

Materialien: Tonpapier, Briefumschlag, Prickelnadel (Stopfnadel, Schaschlikspieß) oder Locher, feste Unterlage, Taschenlampe, Schere

Ablauf: In das Tonpapier werden viele Löcher mit der Prickelnadel oder einem Locher hineingestanzt. Das durchlöcherte Tonpapier sollte bequem in den Briefumschlag hineinpassen. Nun wird der Umschlag mit dem Tonpapier von hinten in einem hellen Raum mit der Taschenlampe beleuchtet. Was sehen die Kinder?
Der gleiche Vorgang wird in einem abgedunkeltem Raum wiederholt. Was ist jetzt von den Kindern zu beobachten? Was heißt das für die Sterne am Himmel?
Weil die Sonne viel heller als die Sterne ist, können sie erst am Himmel entdeckt werden, wenn die Sonne verschwunden ist. Auch wenn der Mond hell scheint, ist das Licht der Sterne schwächer. Am besten kann man Sterne auf dem Land und nicht in erleuchteten Städten betrachten.

Kerzenlicht durchbricht die Dunkelheit

Für Kinder ab 4 Jahren

Materialien: große Kerze für die Mitte, kleine Kerzen für jedes Kind, Bodentücher oder Papierstrahlen in Gelb- und Rottönen

Vorbereitung:
Teilnehmende gruppieren sich im Dunkeln bequem auf Kissen/Stühlen rund um die große Kerze, die noch nicht angezündet wurde. Der Moderator berücksichtigt das Befinden der Kinder darüber, wie dunkel es im Raum sein kann. Ängste sollen nicht geschürt werden.

Moderator: Bevor es wieder heller wird und ich ein Licht anzünde, wollen wir kurz im Dunkeln bleiben und spüren, wie es sich in der Dunkelheit anfühlt.
Wie fühlt ihr euch im Dunkeln?
Wann ist es um euch herum dunkel?
Was würdet ihr jetzt gerne sehen?
Was nehmt ihr im Dunkeln wahr (hören, riechen…)?
Die Kinder können auf diese Fragen antworten und ihre Empfindungen mitteilen.
Ich zünde die Kerze an. Der Docht der Kerze fängt Feuer. Beobachtet das Feuer, die Bewegungen der Flamme.
Welche Farben seht ihr?
Die Kinder benennen die Farben.

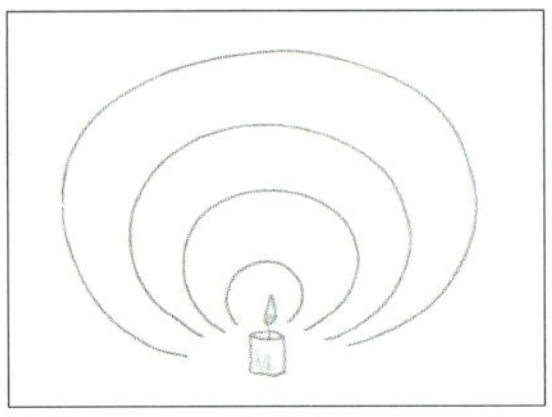

Seht ihr den leichten Rauchfaden, der aus der Flamme heraussteigt? Das Feuer verzehrt nach und nach das Wachs der Kerze. Es dauert aber eine lange Zeit, bis die Kerze abgebrannt sein wird. Eben war es noch sehr dunkel in diesem Raum. Und jetzt: eine einzige Kerze verbreitet so eine Helligkeit. Jetzt können wir wieder Dinge klar erkennen. Diese Kerze ist sehr stark und verbreitet einen hellen Schein. Wir wollen nun Licht und Wärme weitergeben.
Der Moderator legt von der großen Kerze in der Mitte ausgehend einen Lichtstrahl mit einem Bodentuch zu einem Kind im Kreis. Dann wird eine kleine Kerze an der großen entzündet und vor das betreffende Kind gestellt. Dieses Kind kann nun einen weiteren Lichtstrahl zum nächsten Kind legen, wieder wird eine kleine Kerze entzündet, bis vor allen Kindern eine kleine Kerze leuchtet und ein Lichterkranz erstrahlt.
Sitzt ihr wieder bequem? Beobachtet wieder die Kerzenflamme. Ist sie wieder ganz ruhig? Wer möchte, schließt nun seine Augen. Ist es hinter euren geschlossenen Augen ganz dunkel oder könnt ihr etwas erkennen? Seht ihr noch den Schein der Kerze? Spürt ihr die Wärme der Kerze? Dein ganzer Körper wird von dieser Wärme erfüllt: dein Gesicht, die Hände, die Arme, der Oberkörper, dein Bauch, deine Beine… Dich erfüllt das Licht der Kerze. Ist das ein schönes Gefühl? Wie ist das für Dich? Wer möchte, kann dieses warme und wohlige Gefühl noch eine Weile genießen. Öffnet langsam wieder die Augen. Wer möchte, kann in die Zeichnung den Schein und die Farben des Lichts malen.

„Licht, das die Dunkelheit durchbricht"

Gestalten mit der Spachteltechnik

Für Kinder ab 4 Jahren

Materialien
Acrylfarben, Karton in verschiedenen Stärken, schwarzes Tonpapier (A4 oder A3)

Ablauf
Das Verfahren Spachteltechnik wird den Kindern erläutert und am Beispiel vorgeführt. Dazu werden verschieden breite Streifen Karton zugeschnitten (ca. 15 cm lang) und in der Mitte geknickt. Auf den Falz trägt man Farbe auf. Der Kartonstreifen dient als Pinsel, mit dem man Farbe auf das Tonpapier bringt und verschiedene Gestaltungsmöglichkeiten demonstriert. Auf einem Stück Papier erproben die Kinder ihre Möglichkeiten mit dem Kartonstreifen, um dann auf dem schwarzen Tonpapier ihre Ideen zum Thema „Licht durchbricht die Dunkelheit" umzusetzen.

Die Bilder werden in einer Galerie angeschaut und die Kinder bedenken die folgenden Fragen:
Wie gefallen euch eure Werke?
Wie war es für euch, das Bild mit dieser Technik zu gestalten?
Was entdeckt ihr?
Gibt es Gemeinsames?
Welchen Titel gebt ihr Eurem Bild?

Foto: The Yorck Project (2002)

Bilderkundung Rembrandt:

Die Anbetung der Hirten, 1646

Eine Version des Bildes findet sich nach Eingabe des Titels im Internet und wird mit den Kindern betrachtet anhand der folgenden Fragen:

Was sehe ich?
Was wird dargestellt?
Wie ist das Bild gebaut?
Wie ist das Verhältnis von Licht und Schatten? Wie setzt der Maler Licht ein?
Was fühlt ihr, wenn ihr das Bild anschaut?
Wie soll das Bild heißen? Welche Überschrift würdet ihr wählen?
In welcher Figur des Bildes finde ich mich am ehesten wieder?

Für Kinder ab 5 Jahren

Dalli dalli

Für Kinder ab 5 Jahren

Zwei Kontrahenten – es können auch mehr als eine Person auf jeder Seite sein – stehen im Wettstreit miteinander. Zu einer Frage werden abwechselnd Begriffe genannt, die gesammelt und bei der Auswertung für richtig befunden werden. Es gewinnt, wer die meisten Begriffe genannt hat. Die Spielrunde beginnt mit den Worten: „Dalli dalli!" und endet nach einer vorher festgesetzten Zeitspanne (1-2 Minuten).

Was fällt euch zu Licht in der Adventszeit ein?
Wo findet ihr überall Lichter in der Adventszeit?
Was leuchtet zu Weihnachten?

Frage: Was ist Licht?

Für Kinder ab 5 Jahren

GESPRÄCH ZUM LICHT

Eröffnung:
Die Teilnehmenden sitzen in einer Runde, so dass sich alle gut sehen können.
Was sie in diesem Gespräch erwartet und was wichtig ist, wird besprochen:

- Wer den Ball (*Sprechball*) hat, darf reden.
- Jeder kann sich beteiligen, keiner muss.
- Jeder darf ausreden.
- Jede Meinungsäußerung wird beachtet.

Die folgenden Fragen werden dem Alter der Teilnehmenden entsprechend verwendet und angepasst.

Impuls:
Der oder die Gesprächsleitende wählt als Einstiegsimpuls Verse aus der Bibel und eröffnet das Gespräch zum Thema *Licht*. Beispiel: Man zündet auch nicht ein Licht an und setzt es unter einen Scheffel, sondern auf einen Leuchter; so leuchtet es allen, die im Hause sind. Mt 5, 15

Gesprächsleiter:
Wir wollen heute gemeinsam nachdenken, was *Licht* für uns bedeutet. Ich werde einige Fragen stellen und wer etwas dazu sagen möchte, meldet sich. Wichtig ist, die o.g. Regeln zu beachten.

Assoziationen und Erfahrungen

- An was denkst du, wenn du *Licht* hörst?
- Wie klingt das Wort *Licht* für dich?
- Kann man *Licht* fühlen?

Synonyme/Antonyme finden

- Wenn es das Wort *Licht* nicht gäbe, welche anderen Wörter könnten helfen?
- Was ist das Gegenteil von *Licht*?

Sich der Bedeutung des Begriffs über die Folgen seines Fehlens nähern

- Wenn es *Licht* nicht gäbe, was würde den Menschen fehlen, was würdest du vermissen?

Den Begriff auf seine Wirksamkeit bzw. Dauer in Zeit und Raum hin ausloten

- Gibt es Lebewesen, Menschen, die *Licht* weniger brauchen?
- Gibt es Zeiten / Orte, wo *Licht* mehr bzw. weniger wichtig ist?
- Woran kann ich merken, dass den Menschen, die ich kenne, *Licht* viel bedeutet?
- Was kannst Du tun, damit du viel inneres *Licht* hast?

Nachdenken über die Bedeutung des Impulses vom Anfang
Schlussrunde

- Was von unseren Gedanken ist für dich wichtig?

Tragt in die Welt nun ein Licht

Kirchen- und Weihnachtslied
Text und Melodie:
*Wolfgang Longardt (*1930) 1972*

Liedtext

1. Tragt in die Welt nun ein Licht,
sagt allen: Fürchtet euch nicht!
Gott hat euch lieb, Groß und Klein
Seht auf des Lichtes Schein.

2. Tragt zu den Kindern ein Licht,
sagt allen: Fürchtet euch nicht!
Gott hat euch lieb, Groß und Klein
Seht auf des Lichtes Schein.

3. Tragt zu den Kranken ein Licht,
sagt allen: Fürchtet euch nicht!
Gott hat euch lieb, Groß und Klein
Seht auf des Lichtes Schein.

http://www.liederkiste.com/index.php?s=tragt-in-die-welt-nun-ein-licht&l=de

Dorothee Schneider ist Dozentin am Pädagogisch-Theologischen Institut in Neudietendorf und Redakteurin der PGP.

„Wie wir auf dich hoffen …"

Intergenerative Begegnung unter dem weiten Horizont der Psalmen

Petra Müller

Zur Einführung

Viele Haupt- und Ehrenamtliche suchen nach Formaten, die intergenerative Begegnungen ermöglichen. Ich kenne einige Projekte, wo dies bei einem Austausch über die Psalmen gelungen ist. Ziel ist es, die Lebens- und Glaubenserfahrung Älterer mit denen der Jugendlichen und deren Erwartungen an ihr Leben zu verknüpfen. Im Horizont der Psalmen werden Er-Lebensrealitäten zur Sprache gebracht und reflektiert. Durch den Austausch kann eine Fülle an Sichtweisen und Deutungsmustern unter Einbeziehung der jeweiligen Biographie und Lebenssituation sichtbar werden.

Die Psalmen eignen sich insbesondere dafür, weil sie alle Schattierungen des Lebens zur Sprache bringen und „kein Blatt vor den Mund genommen wird". Sie führen uns vor Augen, wie wichtig es ist, Dinge auszusprechen, so wie sie sind oder erlebt werden, denn nur so können Ereignisse und Erfahrungen verarbeitet werden, nur so können Sichtweisen und Einstellungen sich wandeln. Die Psalmen haben Menschen aller Lebensalter und vieler, vieler Generationen gelesen und gebetet. Nach einer Jahrtausende langen Wirkungsgeschichte sind sie voller Lebens-Geschichten.

Für dieses Format hat sich eine zweistündige Veranstaltung an einem Samstagnachmittag bewährt. Jugendliche kann man aus dem Bereich der aktiven Jugendarbeit werben. Ebenso denkbar ist es, das Projekt in die Konfirmandenarbeit einzubauen. Ältere Menschen der Generation 60 plus kann man über die normalen Veranstaltungen werben, gerne kann man aber auch darüber hinaus aufmerksam machen – durch Plakate, Handzettel oder einen lustmachenden Text, der an verschiedenen Stellen veröffentlicht wird. Um dafür zu sorgen, dass das Verhältnis Jugendliche - Ältere einigermaßen ausgeglichen ist, ist es sinnvoll, dass man sich anmeldet.

Der Ablauf besteht aus drei Schritten.

1. Sich von einem Psalmwort finden lassen

Nach der Begrüßung und einer kurzen Vorstellungsrunde lassen sich die Teilnehmenden von einem Psalmwort finden, das ihnen in die Hand gegeben wird oder das sie sich ziehen (je nachdem, wie man das Psalmwort verpacken möchte). Schon Picasso sagte: „Ich suche nicht, ich finde." Reihum wird der jeweilige Psalmvers vorgelesen. Anschließend werden alle gehörten Psalmverse – und vielleicht noch einige mehr – jeweils auf einem vorbereiteten DIN A4 Blatt im Raum verteilt. Die Teilnehmenden gehen herum und führen sich die Worte noch einmal vor Augen. Dann stellen sie sich zu dem Wort, das sie am meisten anspricht. Kurzer Austausch im Plenum: Warum stehe ich hier?

2. Speed-Dating zwischen Jung und Alt

Jeweils eine Jugendliche oder ein Jugendlicher sitzt einem Menschen der älteren Generation an einem Tisch gegenüber. An jedem Tisch liegt ein Psalmvers mit einigen Impulsfragen, über die man ins Gespräch kommt. Es geht nicht darum, die Fragen in Gänze zu beantworten. Sie sollen nur gesprächsanregend sein und das Gespräch in Fluss halten. Beide Seiten erzählen. Nach 7 Minuten werden die Gesprächspartner und die unterschiedlichen „Psalmtische" gewechselt. Je nachdem wie viele Teilnehmende man hat, ist dieses Speed-Dating zu organisieren.

3. Vertiefung

Nach einer Pause findet im Plenum ein Austausch darüber statt, wie das Speed-Dating für einen war und was man von der anderen Generation „gelernt" hat. Daran anschließend wird dazu ermuntert, aus dem Erleben des Nachmittags heraus ein ELFCHEN (1-2-3-4-1) zu schreiben, in dem es um das Wort, um das Thema „Hoffnung" geht. Zum Vorlesen der Elfchen kann man sich im Kreis um eine gestaltete Mitte stellen. Hat man sein Elfchen gelesen, legt man es vor sich und in der Mitte ab – als Zeichen, dass wir in unserer Hoffnung nicht alleine sind, sondern auch von den Hoffnungen anderer umgeben sind. An dieser Stelle kann man mit einem Segen enden oder noch ein Ritual mit einer Kerze anschließen. Wenn man den Nachmittag mit dem Taizé-Lied „Meine Hoffnung und meine Freude, meine Stärke, mein Licht …" begonnen hat, kann man das Lied auch am Schluss wieder aufnehmen.

Wer mehr Zeit einplanen möchte und zur Verfügung hat, kann Bausteine für einen Gottesdienst entwickeln. Manchmal wird ein Folgetreffen dazu angeboten.

Petra Müller ist Diplompädagogin für Erwachsenenbildung und Theologie und arbeitet als Referentin in der Fachstelle Alter der Nordkirche.

Hoffnung in den Psalmen

Der Herr ist Schutz in Zeiten der Not;
darum **hoffen** auf dich, die deinen Namen kennen.
(Psalm 9,10-11)

Unsere Väter **hofften** auf dich;
und da sie hofften, halfst du ihnen heraus. *(Psalm 22,5)*

Nach dir, HERR, verlangt mich.
Mein Gott, ich **hoffe** auf dich;
Lass mich nicht zuschanden werden, dass meine Feinde nicht frohlocken über mich. *(Psalm 25,1-2)*

HERR, schaffe mir Recht, denn ich bin unschuldig!
Ich **hoffe** auf den HERRN, darum werde ich nicht fallen. *(Psalm 26,1)*

Der HERR ist meine Stärke und mein Schild;
Auf ihn **hofft** mein Herz und mir ist geholfen.
Nun ist mein Herz fröhlich,
und ich will ihm danken mit meinem Lied. (Psalm 28,7)

Siehe, des HERRN Auge sieht auf alle, die ihn fürchten,
die auf seine Güte **hoffen**. (Psalm 33,18)

Deine Güte, HERR, sei über uns,
wie wir auf dich **hoffen**. (Psalm 33,22)

Befiehl dem HERRN deine Wege
und **hoffe** auf ihn, er wird´s wohlmachen. (Psalm 37,5)

Wohl dem, der seine **Hoffnung** setzt auf den HERRN.
(Psalm 40,5)

Aber sei nur stille zu Gott, meine Seele;
denn er ist meine **Hoffnung**. (Psalm 62,6)

Hoffet auf ihn allezeit, liebe Leute,
schüttet euer Herz vor ihm aus;
Gott ist unsere Zuversicht. (Psalm 62,9)

Denn du bist meine Zuversicht, HERR, mein Gott,
meine **Hoffnung** von meiner Jugend an. (Psalm 71,5)

Vor schlimmer Kunde fürchtet er sich nicht;
sein Herz **hofft** unverzagt auf den Herrn. (Psalm 112,7)

Die dich fürchten, sehen und freuen sich;
denn ich **hoffe** auf dein Wort. (Psalm 119,74)

Erhalte mich nach deinem Wort, dass ich lebe,
und lass mich nicht zuschanden werden in meiner **Hoffnung**. (Psalm 119,116)

Fragen zum Speed-Dating

Befiehl dem HERRN deine Wege und hoffe auf ihn, er wird´s wohlmachen. (Psalm 37,5)

- Wenn du unsicher bist, was du tun sollst, oder wenn du nicht recht weißt, wie etwas werden wird, oder du Angst vor etwas Neuem hast: Was lässt dich dann trotzdem wieder zuversichtlich sein?
- Manchmal sagt man flapsig „Es wird schon klappen oder es wird schon gut werden.“: Hast du auch schon erlebt, dass es trotz allem guten Zureden und Hoffen anders ausgegangen ist?
- Wer stärkt dich, wenn du unsicher bist und Zuspruch brauchst?
- Wie hört sich das für dich an: Ich vertraue mich und meinen Weg Gott an. Ich hoffe, dass Gott es gut werden lässt.

Auf ihn hofft mein Herz und mir ist geholfen. Nun ist mein Herz fröhlich. (Psalm 28,7)

- Darauf habe ich so lange gehofft - endlich hat es sich erfüllt: Kannst du von so einer Erfahrung berichten?
- Wie ist das, wenn nicht eintritt, was man sich erhofft?
- Worauf hoffst du grad?
- Wie kann man das verstehen: Auf Gott hofft mein Herz?

Lass mich nicht zuschanden werden in meiner Hoffnung. (Psalm 119,116)

- Wenn sich deine Hoffnung mal nicht erfüllt: Was lässt dich wieder neu vertrauen?
- Wie reagierst du bei Enttäuschung?
- „Die Hoffnung stirbt zuletzt“, sagt man manchmal. Kennst du Menschen, die die Hoffnung nicht aufgeben?
- Was tut dir gut, wenn du enttäuscht bist?

Der Herr ist Schutz in Zeiten der Not; darum hoffen auf dich, die deinen Namen kennen. (Psalm 9,10-11)

- Kennst du einen Menschen, der in Not seine Hoffnung nicht verloren hat?
- Was gibt dir in notvollen Situationen Halt?
- Was könnte so ein Strohhalm sein, an den man sich klammert?
- Not hilft beten. Was meinst du zu dieser Aussage?

Wohl dem, der seine Hoffnung setzt auf den Herrn. (Psalm 40,5)

- Was erhoffst du dir von deinem Leben?
- Worauf setzt du deine Hoffnung?
- Wohl dem – das heißt übersetzt: glücklich. Warum bezeichnet der Psalmbeter diejenigen als glücklich, die ihre Hoffnung auf Gott setzen?

Habe ich Gott schon einmal um seinen Segen gebeten für das, was ich mir wünsche?

ELFCHEN

Hoffnung
blüht auf
immer wieder neu
ist stärker als Verzweiflung
Zuversicht

Hoffnung
frohen Mutes
geduldig warten bis
eintritt, was ich ersehne
Dankbarkeit

SO IST MEIN LEBEN GEWEBT

Hoffnungsvolles Arbeiten mit Text und Textil

Gesine Hirtler-Rieger und Waltraud Eulenstein

Der Stoffstreifen in sonnengelber Farbe mit den kleinen weißen Sternchen gehört zu den ersten, die sie auswählt. Bedächtig und behutsam legt Bettina die Stoffe dicht nebeneinander vor sich, arrangiert die Farben, ändert hier und da, in ihre Gedanken versunken.

Der Workshop *So ist mein Leben gewebt* bietet den Rahmen, um aus dem geschäftigen Tun des Alltags herauszutreten, innezuhalten und einen achtsamen Blick auf das eigene Leben zu werfen.

Ein Workshop, der Zeit und Raum schenkt, um sich schreibend und webend zu vertiefen in die Fragen: Wie ist mein Leben beschaffen? Welche Muster, welche Farben finde ich in meinem Leben – und welche neuen kann ich hineinweben? Ein Workshop, der vorwiegend Frauen anspricht. Frauen in der Mitte des Lebens, auf der Suche, auf dem Weg – dem Weg zu sich selbst.

Und so läuft das Seminar ab:
Als Vorstellrunde und Einstieg in das Seminar dienen Stoffstücke, ausgelegt in der Mitte. Die Teilnehmerinnen gehen mit den Stoffen auf Tuchfühlung, wählen sich einen Stoff aus und erzählen bei der Vorstellrunde, was sie bewogen hat, diesen Stoff auszuwählen.

Die Eindrücke werden durch Schreiben vertieft, die Methode hierbei: Fragmente schreiben zum Thema *Ein besonderes Kleidungsstück*. Das anschließende Vorlesen zeigt, wie vielschichtig Erleben und Empfindungen mit Kleidung verbunden sind: Stoff ist unsere zweite Haut.

Im nächsten Schritt wählen die Teilnehmerinnen aus einem Kartenset mit textilen Redewendungen eine Karte aus, und schreiben dazu einen kurzen Text.

Beim Schreiben erleben wir uns als schöpferisch und können unserer Fantasie freien Lauf lassen. Nach jeder Schreibeinheit besteht Gelegenheit, die entstandenen Texte vorzulesen und darüber zu sprechen. Jeder darf vorlesen, aber keiner muss. Das Staunen darüber, was für unterschiedliche und einzigartige Texte dabei entstehen, ist immer wieder groß. Schreibanfänger und Geübte können die Impulse nutzen, erhalten Handwerkszeug und thematische Anregungen. Die wichtigsten Regeln: Es gibt keine Themaverfehlung, kein Richtig, kein Falsch. Nur die eigene, unverwechselbare Stimme, die sich im Schreibstil manifestiert.

Als nächster Schritt folgt das textile Arbeiten. Gemeinsam betrachten wir das bereit gestellte Material: Kisten mit bereits in Streifen geschnittenem Stoff, eine Fülle an Stoffen verschiedener Farben und Muster. Die Teilnehmerinnen bekommen ein Stück Vlieseline als Basisstoff, ein Nadelkissen und eine ausführliche Erklärung, wie es gemacht wird, worauf sie achten müssen. Sie suchen sich eine entsprechende Anzahl an Stoffstreifen aus und befestigen diese mit Stecknadeln nebeneinander auf dem Basisstoff, zuerst in Längs-, anschließend in Querrichtung. Das Vorlesen einer Stoffmeditation trägt dazu bei, sich einzustimmen und zu entspannen.

Beim Weben arbeiten die Teilnehmerinnen in Ruhe und Vertiefung. Näh- oder Handarbeitskenntnisse werden nicht gebraucht dafür. Wir arbeiten mit Aufmerksamkeit und Hingabe, mit Konzentration und Zuwendung. Mit unserer Hände Arbeit entsteht ein einzigartiges, unvergleichliches Stück Stoff. Durch das Weben, durch das „Drunter und Drüber" entstehen unerwartete, überraschende Muster und Effekte. Mancher Stoffstreifen, der ausgewählt wurde mit Gedanken an etwas Schweres, Dunkles, verliert in der Kombination mit den anderen Stoffen seine düstere Wirkung und lässt vielleicht ganz im Gegenteil den hellen Stoff daneben noch mehr leuchten.

Der Workshop ist so konzipiert, dass die Teilnehmerinnen am Abend des ersten Tages ihr Webstück fertigstellen: So haben alle die Möglichkeit, in ihrem eigenen Tempo zu arbeiten, sich nicht gehetzt zu fühlen.

Zu Beginn des zweiten Tages bügeln wir die Stoffstücke. Das Stoffstück, das gewebte Leben verbindet sich mit dem Basisstoff und bildet eine feste, solide Fläche. All die kunstvoll angefertigten Webstücke werden präsentiert, am Boden oder an einer geeigneten Wandfläche. Gemeinsam betrachten wir die vielfältigen, einzigartigen Arbeiten.

Die folgenden Schreibimpulse machen aufmerksam auf die Wahl der Farben, auf die Buntheit unseres gelebten Lebens: der graue Stoffstreifen oder der dunkelrote Samt – stehen sie für eine besondere Facette im Alltag? Und was gibt unserem Dasein Glanz, was tut gut und bereitet Freude? Brauchen wir

mehr davon und welche Möglichkeiten stehen uns zur Verfügung? Indem wir diese Gedanken aufschreiben, bekommen sie Nachdruck und ermutigen uns. Ein Brief aus der Zukunft, den wir an uns selbst adressieren, dient der Verstärkung.

Nun erfährt die textile Arbeit ihren krönenden Abschluss: Die Teilnehmerinnen können jetzt ein Memory-Stück für das Künftige, Schöne, auf das sie in Zukunft mehr Augenmerk legen wollen, in ihr Webstück einfügen.

Dafür steht Zierrat aller Art zur Verfügung.
Am Ende des Workshops findet eine Präsentation, eine Art Vernissage statt. Jede Teilnehmerin sucht sich ein fremdes Webstück aus, beschreibt mit wohlwollenden, achtsamen Worten, was sie sieht, was ihr auffällt, was sie hervorheben möchte. Eine der Seminarleiterinnen schreibt diese Worte auf und übergibt sie danach der Gestalterin des Webstücks.

Die Schlussrunde am Ende des Seminars bietet den Frauen die Gelegenheit, Feedback zu geben und mitzuteilen, was sie gemeinsam mit ihrem gewebten Leben an Eindrücken und Erfahrungen mitnehmen.

„Eine sehr tiefe, ganzheitliche Erfahrung; in der fließenden Bewegung mit beiden Händen war ich ganz in mir. Die Stoffe habe ich vor allem intuitiv ausgewählt, aber auch mit der Frage: Wieviel Hell, wieviel Dunkel war da in meinem Leben? Das Ineinandergreifen der Stoffe, das Verwobensein und -werden ließ sich nicht kontrollieren, es offenbarte ständig ein neues Bild.
Ich betrachte mein gewebtes Leben. Mein Blick wandert einzelnen Linien nach, bleibt an Kreuzungen und Gabelungen stehen und ruht dort für eine Weile. Ein nie endendes, sich stetig veränderndes Lebensbild." Bettina

Text und Textil, zwei Komponenten, die sich gut ergänzen.

Gesine Hirtler-Rieger, Journalistin und Leiterin von Schreibwerkstätten, Trainerin für Biografiearbeit, Vilshofen, übernimmt den Part des biografischen Schreibens.

Waltraud Eulenstein, Trainerin für Biografiearbeit und textiles Gestalten, Kaufbeuren, leitet das Weben und Werken mit Stoff an.

Hoffnung Leseförderung

Denn überall ist Platz für eine Geschichte!

Kristina Hagen

Knapp ein Fünftel der Zehnjährigen in Deutschland kann nicht so lesen, dass der Text auch von ihnen verstanden wird (18,9%, Internationale IGLU-Studie 2016). Im internationalen Vergleich ist Deutschland damit seit 2001 von Platz 5 auf Platz 21 aller beteiligten Länder abgerutscht und liegt sowohl unter dem EU- als auch unter dem OECD-Durchschnitt. Dabei ist es so einfach, Kinder durch das Vorlesen bereits in jungen Jahren für Geschichten zu begeistern und sie zum späteren Selbstlesen zu motivieren. Aber längst nicht jedes Kind, auch in der Buchstadt Leipzig, kommt in den Genuss des Vorlesens. Lesen ist noch immer DIE Schlüsselqualifikation für die Teilhabe an der Gesellschaft. Deshalb ist Leseförderung wichtiger denn je!

Wir geben die Hoffnung nicht auf!
Seit nunmehr zwölf Jahren engagiert sich LeseLust Leipzig e.V. für die Leseförderung von Kindern im Alter von drei bis zwölf Jahren. Ziel ist es, Kinder für das Medium Buch zu begeistern und über das Vorlesen Interesse am Selberlesen zu wecken. Ganz nach dem Motto „Überall ist Platz für eine Geschichte!“ lesen die Vereinsmitglieder sowie rund 70 ehrenamtliche Vorlesepaten im Leipziger Stadtgebiet, in Kindergärten, Schulen, Bibliotheken und an anderen Orten Kindern regelmäßig vor. Dazu bildet der Verein Vorlesepaten aus, vermittelt ihnen Grundlagen des Vorlesens und begleitet sie durch Fortbildungen und Supervision.

Viele helfende Hände für die Leseförderung in Leipzig.
Der Verein arbeitet auf rein ehrenamtlicher Basis und finanziert sich ausschließlich durch Spenden, Sponsorengelder, Mitgliedsbeiträge und Projektförderungen. 2006 wurde er von Studierenden der Universität Leipzig ins Leben gerufen. Einige der ersten Vereinsmitglieder sind auch heute noch dabei und bspw. als Vorleser, aber auch als Organisatoren und Vorstandsmitglieder aktiv und wirken ehrenamtlich an der Umsetzung des Vereinsziels mit. Dabei ist der Verein stets offen für neue Impulse geblieben und freut sich über den Zulauf neuer Mitglieder und Mitwirkender aus allen Altersgruppen. So zählen Studenten genauso wie Angestellte und freiberuflich Tätige zu den Mitgliedern, die aktiv das Vereinsleben gestalten. Das, was jedes Mitglied und jeder Mitwirkende mitbringt, lässt den Verein wachsen und sich stetig weiterentwickeln.

Die Botschafter – Unsere Vorlesepaten
Die derzeit ca. 70 aktiven Vorlesepaten von LeseLust Leipzig e.V. sind die Vermittler der Vereinsidee. Sie werden an Kitas, Horte und Schulen in den jeweiligen Stadtteilen vermittelt, lesen aber auch gern an anderen, manchmal ungewöhnlichen Orten in Leipzig und Umgebung vor. Aktuell finden regelmäßige Vorlesestunden in 33 Kitas, 15 Horten, einem Kinderheim und insgesamt 6 Bibliotheken statt. Auch andere Orte in der Stadt können zum Vorleseort werden: z.B. Parks, soziokulturelle Zentren oder Buchhandlungen – denn überall ist Platz für eine Geschichte!

Leider können wir nicht immer allen Nachfragen von potentiellen Vorleseorten nachkommen. Wir freuen uns sehr über das Interesse an einer Vorlesepatenschaft von Einrichtungen aus den Randgebieten der Stadt. Für diese finden sich auf Grund des langen Fahrtweges aber nicht immer zeitnah Ehrenamtliche für die Durchführung einer regelmäßigen Vorlesestunde.

„Zusammen mit den Kindern begebe ich mich auf eine Reise in die Phantasie – und ich weiß nie, wo sie endet.“ *(Vorlesepate aus Gohlis)*

Das zur Gestaltung einer spannenden Vorlesestunde nötige Wissen wird den Vorlesepaten in regelmäßig stattfindenden Seminaren und Workshops des Vereins an die Hand gegeben. Denn Voraussetzung zur ehrenamtlichen Tätigkeit als Vorlesepate ist die Absolvierung eines entsprechenden Grundlagenworkshops. Besonderen Wert wird auf die Vermittlung von Techniken und die Umsetzung von Ideen gelegt, damit bspw. Vorlesesituationen altersentsprechend gestaltet werden und die Kinder durch Dialog in die Vorlesestunde einbezogen werden. Denn Vorlesen soll zum Erlebnis werden!

Zum wirklichen Erlebnis wird eine Vorlesestunde erst dann, wenn das Buch bzw. die Geschichte zuhörergerecht präsentiert wird. Mit einer kreativen Hinleitung zum Buch erhält der Vorleser die Aufmerksamkeit der Kinder. Das kann ein verschlossener Koffer sein, in dem sich ein Gegenstand befindet, der etwas mit der Geschichte zu tun hat. Oder es kann ein kurzes Gedicht sein, das auf das Thema hinweist. Dabei ist es wichtig, an den Erfahrungsschatz der Kinder anzuknüpfen, sie abzuholen und sie mit Fragen in die Vorwww.praxis-gemeindepaedagogik.de

Jahresinhaltsverzeichnis
71. Jahrgang 2018

PRAXIS GEMEINDEPÄDAGOGIK

ZEITSCHRIFT FÜR EVANGELISCHE BILDUNGSARBEIT

PGP 1/2017: THEMA »SPRACHE«

PGP 2/2018: THEMA »BETEN«

PGP 3/2018: THEMA »FREIZEIT(EN)«

PGP 4/2018: THEMA »HOFFNUNG«

PRAXIS IM KIRCHENJAHR

MATERIALIEN/BUCHREZENSIONEN

GEMEINDEPÄDAGOGISCHES FORUM

AUTOREN

Die Zeitschrift »Praxis Gemeindepädagogik« (PGP) erscheint in der Evangelischen Verlagsanstalt, Leipzig.

Aboservice und Vertrieb: Christine Herrmann, Telefon 0341/7114122, E-Mail <herrmann@eva-leipzig.de>

lesestunde einzubeziehen. Durch das Dialogische Vorlesen kommt der Vorleser mit den Kindern ins Gespräch. Sie erzählen im Idealfall von ihren Erlebnissen oder stellen Vermutungen über die Figuren aus den Geschichten an. Ich selbst habe es als langjährige Vorlesepatin oft erlebt. Es reichen ein paar Fragen an die kleinen Zuhörer und schon erzählen sie, phantasieren und spinnen die Geschichte weiter. Einfach wunderbar! Und ganz nebenbei werden wichtige Fähigkeiten der Kinder gefördert: Konzentration, Wortschatz, Phantasie, Zuhören, Empathie, Perspektivenwechsel u.v.m.

Zusammen bewirken wir mehr!

In der Leipziger Kulturlandschaft ist LeseLust Leipzig e.V. bereits seit Jahren als feste Größe etabliert. Durch kontinuierlich stattfindende Vortrags- und Vorlesereihen sowie das seit 2007 jährlich veranstaltete Vorlesefestival für Kinder *LeseLust im August* sind der Verein und seine Vorlesepaten stets präsent. Viele Kooperationen mit den unterschiedlichsten Leipziger Kultur- und Umweltinstitutionen legen das Wirken von LeseLust Leipzig e.V. nicht nur auf eine Sparte fest.

Jährlicher Höhepunkt: „LeseLust im August"

Seit 2007 findet jährlich in den Leipziger Sommerferien das Vorlesefest für Kinder *LeseLust im August* statt. Vom ersten Donnerstag im August bis zum darauffolgenden Sonntag wartet an vier Tagen volles Programm auf die kleinen und großen Besucher. Täglich von 10 Uhr bis 18 Uhr kann man sich von Vorlesepaten sowie anderen Leipziger Buchbegeisterten vorlesen lassen und durch verschiedene Zusatzangebote rund ums Buch wie Bücher-Tausch-Flohmarkt, Workshops, Sport- und Kreativangebote selbst aktiv werden. Mit dem Lesepass besteht für teilnehmende Kinder zudem die Chance auf den Gewinn eines Buchpaketes. Ebenso kann man sich v.a. als Eltern in verschiedenen Workshops Anregungen und Tipps für das Vorlesen geben lassen.

LeseLust im August begeistert mit seinem Programm ganze Familien. Viele sind Wiederholungstäter und kommen seit Jahren zum Vorlesefestival in den Stadtpark. Die Kinder werden immer größer, bringen ihre kleineren Geschwister mit und lesen ihnen vor. „Hier werden Bücher und Geschichten zum Erlebnis! Das begeistert uns jedes Jahr aufs Neue", so Beatrice Hartung, Vorstandsmitglied des Vereins.

Das Vorlesefest für Kinder *LeseLust im August* wurde 2018 erneut gefördert vom Kulturamt der Stadt Leipzig und von der Kulturstiftung des Freistaates Sachsen und durch die wunderbare Kooperation und Mitwirkung vieler möglich gemacht.

Wir hoffen auf weitere viele leselustige Jahre, in denen wir Kinder für Bücher und Geschichten durch Vorlesen begeistern können.

Kristina Hagen arbeitet bei einer gemeinnützigen Gesellschaft in Leipzig und ist Gründungsmitglied des Vorlesevereins LeseLust Leipzig e.V.
www.leselustleipzig.de

Familiengottesdienst zum 1. Advent „Wurzeln finden"

Anregung aus Gottesdiensten mit Kindern 2015, Themenreihe zum Advent

Holger Pötschke

Intentionen
Das Matthäusevangelium beginnt mit dem Stammbaum von Jesus. In welcher Tradition steht Jesus, was ist sein Erbe, auf welcher Grundlage tritt er seinen Weg an? Im Fortgang des Evangeliums wird deutlich, wie durch ihn die alten Wege neu mit Leben gestaltet werden, sich weiten, neue Richtungen bekommen.

Angebot für unsere Adventszeit: Uns unserer Wurzeln bewusst werden. Bei vielen hat Adventszeit da gute Anknüpfungspunkte: Traditionen, Schmuck, Erinnerungen. Impulse geben, dass Menschen selber Zeit nutzen, um der eigenen Familiengeschichte nachzuspüren. Was weiß ich? Was kann ich in Erfahrung bringen? Was ist mit Erinnerungen verknüpft? Was ist der Stellenwert der Adventszeit für die eigene religiöse Entwicklung?

Praktische Ideen
Aktion Adventsschmuck mit Erinnerungen
Im Vorfeld Menschen aus der Gemeinde beteiligen: Was ist für dich ein liebgewordener Gegenstand/Schmuck in der Adventszeit? Welche Erinnerungen, Geschichten erzählt er für dich? Nach Möglichkeit sollten sie diesen Gegenstand mit in den Gottesdienst bringen, ihn anderen zeigen und ganz kurz etwas dazu erzählen.

Alternativ: Gegenstände mit kurzer Erklärung im Altarraum ausstellen, in einer Auswahl präsentieren und in die Spirale stellen.

Advents-Spirale
Im Altarraum eine große Spirale aus Zweigen legen. Auf dem Spiralweg, die Advents-Erinnerungsstücke (ggf. etwas erhöht aufgestellt) präsentieren. In der Mitte brennt eine Kerze.

Die Spirale ist mit einem doppelten Weg gelegt, so, dass man zum Mittelpunkt gehen kann und auf einem anderen Weg wieder heraus. Während der Aktion Musik spielen.

Intentionen: Die Adventszeit will uns anbieten, zur Mitte, zur Konzentration zu finden, zu uns selber, zu unserer Kraftquelle. Advent will etwas ausstrahlen, unsere Familien-Geschichte mit Jesus fortsetzen.

Verlauf
Einstieg
Herr Maier kommt, offensichtlich verspätet in den Gottesdienst, grüßt verlegen ein paar Leute, sucht unentschlossen nach einem Platz.

Pfr.: Herr Maier, einen schön guten Morgen. Sie sind spät dran.
Maier: Guten Morgen Herr Pfarrer, das ist mir jetzt aber peinlich.
Pfr.: Ach, das kann doch jedem mal passieren. Schön, dass sie gekommen sind.
Maier: Ich hab echt überlegt, ob ich überhaupt noch zum Gottesdienst gehe. Wo der Tag schon so schlecht begonnen hat.
Pfr.: Geht es ihnen nicht gut?
Maier: Doch, doch, das ist es nicht, aber sowas ist mir noch nie passiert.
Pfr.: Was ist denn passiert?
Maier: Naja, darüber wollte ich sowieso noch mit ihnen reden. Ich hab es verschlafen. Aber lassen sie jetzt, ich will ja nicht stören.
Pfr.: Sie haben es verschlafen und müssen darüber mit mir reden? Soll ich ihnen vielleicht den Tipp geben, dass sie eher ins Bett gehen sollten?
Maier: Nein, nein, so war das nicht. Ich war wie immer zeitig auf den Beinen. Zuerst hab ich die Tiere versorgt und die Blumen und dann habe ich in Ruhe gefrühstückt.
Pfr.: Da war ja alles bestens.
Maier: Freilich, aber jetzt im Advent wollte ich meinen Tagesanfang noch etwas anders gestalten.
Pfr.: Erzählen sie mal.
Maier: Ich habe auf meinem Tisch den alten Adventsschmuck aufgestellt. Eine Kerze angezündet. Und nun wollte ich in der Bibel die Jesusgeschichten nachlesen. Schlag ich also die Bibel auf. Neues Testament. Matthäusevangelium.

Pfr. Schön, da kommen ja gleich die vertrauten Geschichten von Maria und Josef.

Maier: Das dachte ich auch, aber Sie kennen sich wohl auch nicht so richtig aus. Es geht mit dem Stammbaum von Jesus los. Bei Abraham beginnt es, dann kommt ein Name nach dem anderen, das nimmt gar kein Ende. ... da bin ich eingeschlafen.

Pfr. Und so tief, dass sie gleich den Gottesdienst verschlafen.

Maier: Kann schon sein. Aber ich frage mich, wer hat diese ganzen Namen nötig? Warum beginnt Matthäus die Geschichte von Jesus nicht einfach mit Jesus. Mit der Geburt und so.

Pfr. Matthäus beginnt seine Jesusgeschichte wirklich mit einem langen Stammbaum. Aber ehrlich gesagt, meistens überblättere ich ihn, und die vielen Namen interessieren mich auch nicht so brennend.

Maier: Warum sind die Texte dann nicht längst mal rausgestrichen worden?

Pfr. Der Erzähler wollte erstmal klar machen, auf welchem geschichtlichen Hintergrund Jesus steht. Mit Jesus setzt sich die jahrtausendalte Glaubensgeschichte seines Volkes fort. Das sind die Wurzeln von Jesus. Nur wenn man diese kennt, wird man verstehen, wie Jesus diese Geschichte fortführen und verändern wird.

Maier: Das klingt ja zu mindestens nicht mehr so einschläfernd.

Pfr.: Das ist aktuell und ein guter Impuls für unsere Adventszeit. Die bietet ja manche Gelegenheit, um auch unseren eigenen Wurzeln nachzuspüren

Maier: Mein alter Adventsschmuck, der ist von meiner Großmutter. Im Advent muss ich immer wieder an ihre Erzählungen denken.

Herr Maier stellt den Adventsschmuck in die Spirale.

Lied: EG 30, 1–3 Es ist ein Ros ...

Tauferinnerung

Die Wurzel unseres Glaubens wurde in unserer Taufe gelegt: Damals haben unsere Eltern und Paten uns der Liebe Gottes anvertraut, und Gott hat uns als seine Kinder angenommen. Es ist gut, immer mal wieder daran zu denken. Darum feiern wir Tauferinnerung. Aber nicht nur die Erinnerung an ein schönes Familienfest ist wichtig, sondern vor allem an unseren Glauben, der mit der Taufe begründet wird. Darum wird bei jeder Taufe das Glaubensbekenntnis gesprochen. Das wollen wir jetzt auch miteinander tun: Ich glaube an Gott, den Vater, ...

Kinder kommen in den Altarraum und bilden einen Kreis, linke Hand nach vorn, rechte auf die Schulter des Nachbarn.

Segen

Es segne dich Gott, der Vater, der dich geschaffen hat.
Es segne dich Gott, der Sohn Jesus Christus, der dich über alles liebt.
Es segne dich Gott, der Heilige Geist, der uns hilft, die Wurzeln unseres Glaubens zu erkennen.
So segne dich Gott Vater, Sohn und Heiliger Geist.
Friede sei mit euch. Amen.

Lied: EG 511, 1 und 3 Weißt du wieviel Sternlein stehen ...

Lesung: Jer. 23,5–6.

➜

Verkündigung
Liebe Gemeinde, wir haben jetzt immer wieder von Wurzeln gehört: Von den Wurzeln eines Baumes, von den Wurzeln des Glaubens, von der Wurzel des Weihnachtsfestes. Jesus steht in einer langen Tradition. Von Anfang an hatte Gott es vor, durch Jesus uns Menschen seine Liebe deutlich zu machen.

Aber auch wir haben unsere Wurzeln. Und es ist gut, sie uns bewusst zu machen: Was hat uns geprägt? Was hat uns zu dem werden lassen, der wir heute sind? Was hat uns Freude bereitet? Wo liegen die Ursachen unseres Kummers? Was hat uns dazu gebracht, Advent so zu feiern, wie wir es tun? Dass wir uns das immer wieder einmal bewusst machen, ist wichtig. Gerade in unseren Tagen, wo so viele Fremde zu uns kommen. Die uns fragen: Warum macht ihr das so? Warum feiert ihr so? Was sind eure Traditionen? Nur wenn wir Bescheid wissen, können wir antworten. Denn wenn wir die Antwort schuldig bleiben, werden wir und unsere Bräuche vom Winde verweht wie eine Pflanze ohne Wurzel.

Erinnern wir uns also: Wie haben wir früher Advent gefeiert? Diese Erinnerungen führen uns in unsere Familiengeschichte. In unsere Kindheit. Sie sind verbunden mit Gerüchen und Eindrücken, besonderen Erfahrungen, aber auch Gegenständen, die damit zu tun haben. Darum haben wir im Vorfeld dieses Gottesdienstes Gemeindeglieder gebeten, Gegenstände, liebgewordene Erinnerungsstücke mitzubringen und vorzustellen. Dazu ist jetzt Gelegenheit.

„Erinnerungsstücke“ nach vorn bringen, erklären, aufstellen.

Ein Weg der Erinnerungen ist entstanden. Sicher nur ein Bruchteil. Jeder hat zu Hause seine eigenen Erinnerungsstücke, liebevoll aufgehoben, in den letzten Tagen hervorgekramt, aufgestellt als Begleiter durch die Adventszeit. Gut, dass wir diese Schätze haben!

Erinnerungen haben immer zwei Seiten: Manchmal machen sie uns traurig. Dann beschleichen uns Gefühle wie: Schade, dass es vorbei ist! Früher, ja damals war es besser … Adventserinnerungen sind anders: Sie erinnern an die Freude auf das, was kommt, was vor uns liegt, auf Weihnachten. Gott kommt zu uns. Er lässt uns nicht allein. Das feiern wir jedes Jahr neu!

Lied: EG 9, 1,4–6 Nun jauchzet all …

Aktion
Im Altarraum haben wir eine große Spirale aus Zweigen gelegt. Ein Weg ist entstanden, ein Adventsweg. Dieser Weg führt an den persönlichen Gegenständen mit all den Erinnerungen, die sie in sich tragen, entlang. Er führt zu einem Mittelpunkt, wo das Licht auf unserem Osterleuchter brennt. Nach einer kleinen Wendung bei dem Licht führt ein anderer Weg allmählich wieder aus der Spirale heraus. So ein Weg fordert natürlich dazu heraus, dass er begangen wird. Dieser Gang zeigt uns, dass Advent im guten Sinne eine bewegte und bewegende Zeit ist.

Die Adventszeit will uns anbieten, die Mitte zu finden, zu uns selber, zu unserer Kraftquelle. Symbolisiert durch das Licht in der Mitte. Dort könnt ihr euch ein kleines Licht nehmen und an der Kerze entzünden. Nehmt dieses Licht zu eurem Platz mit. Nehmt es dann mit nach Hause. Es kann etwas ausstrahlen. Es steht für die kleinen Lichtblicke, die wir in unserem Umfeld setzten können, mit Liebe und Freundlichkeit, mit Gottvertrauen und Zuversicht, mit Hoffnung und Weitblick.

Gang der Gemeinde/Musik

Fürbittgebet:
Lasst uns beten: Barmherziger Gott, wir feiern Advent, wir freuen uns, dass du selbst in diese Welt gekommen bist mit deinem Licht und mit deiner Liebe. Jedes Licht, das wir anzünden, erinnert uns daran. Wir haben den Adventsschmuck hervorgeholt, er birgt viele gute Erinnerungen. Hilf, dass er uns zur Besinnung leitet auf das Wesentliche dieser Zeit. Bewahre uns vor aller Hektik und gib uns Gelassenheit, zu unterscheiden, was wichtig und nötig ist und was nur unnötiger Ballast ist. Lass uns in der Unrast dieser Tage zur Ruhe kommen. Mit den Worten deines Sohnes beten wir dich an: Vater unser im Himmel …

Lied: EG 1, 5 Komm o mein Heiland …

Entlassung, Segen

Musik

Holger Pötschke ist Gemeindepädagoge in der Ev.-Luth. Kirchgemeinde Cunewalde.

Die Disziplin der Hoffnung

Klara Butting

In dem Buch *Gegen den Hass* beschreibt Carolin Emcke eine beklemmende Veränderung in der Bundesrepublik Deutschland. „Es wird offen und hemmungslos gehasst. […] Es scheint fast, als hätten sich herkömmliche Erwartungen an das, was ein Gespräch sein sollte, umgekehrt. Als hätten sich die Standards des Miteinanders schlicht verkehrt: als müsse sich schämen, wer Respekt anderen gegenüber für eine so einfache wie selbstverständliche Form der Höflichkeit hält, und als dürfe stolz sein, wer anderen den Respekt verweigert, ja, wer möglichst laut Grobheiten und Vorurteile herausschleudert."[1] Carolin Emcke spürt die kollektiven und ideologischen Muster auf, die Hass und Menschenverachtung fördern und nennt darunter überraschenderweise auch die Hoffnung – eine Hoffnung, die sich auf illusionäre Annahmen stützt: „Was auch immer einem ersehnten Szenario entgegensteht, wird, bewusst oder unbewusst, überblendet und unsichtbar gemacht. Ob es militärische, ökonomische oder medizinische Aussichten sind, leicht verschleiert die Hoffnung die Sicht auf jene Details oder Hinweise, die den eigenen Annahmen zuwiderlaufen. Sie stören, weil sie Anlass gäben, die allzu günstige Prognose zu revidieren. Sie nerven auch irgendwie, weil sie den eigenen optimistischen Schwung, das eigene Wunschdenken bremsen. Es macht Mühe, sich der unangenehmen, komplizierten, ambivalenten Wirklichkeit zu stellen." (33)

Die biblische Glaubensüberlieferung kennt als eine uralte Hoffnungstradition diese Gefahr, dass Hoffnung in einer komplizierten, von negativen Erfahrungen geprägten Situation zu Abwehr und Aggressionen führt. Psalm 131 ist ein Beispiel. Er ist der Auseinandersetzung mit dieser Gefahr erwachsen. Der Psalm ist Teil der biblischen Pilgerlieder (Psalm 120–134), die angesichts von Hass und Gewaltgläubigkeit Friedensvisionen zurückgewinnen und die Erwartung einer neuen Menschlichkeit schüren. Diese Erwartung steht auch in Psalm 131 im Raum! „Erwarte die EWIGE, Israel", heißt es am Ende (Psalms 131,3). Zugleich wird diese Erwartung problematisiert. Was heißt Gott erwarten in einer Zeit, in der die großen Visionen vom Auszug aus der Knechtschaft ganz in der Ferne liegen? Wie geht das, in Erwartung von Gottes Wundern zu leben, ohne die gesellschaftliche Realität zu überblenden oder auszublenden? Was heißt, sich der komplizierten, ambivalenten Wirklichkeit zu stellen und zugleich die Hoffnung nicht zu verlieren?

Psalm 131 antwortet auf diese Fragen mit einer Kette von Verwerfungen.

> „EWIGE,
> *nicht* überhebt sich mein Herz,
> *nicht* versteigen sich meine Augen,
> *nicht* gehe ich mit Großem,
> mit mir zu Wunderbarem um." (V. 1)

Wer den Psalm betet, will

- nicht sich selbst und die eigenen Möglichkeiten überschätzen,
- sich nicht versteigen in unrealistische Pläne und Projekte,
- sich nicht in Bewegungen oder Unternehmen, Pläne oder Gedankenspiele hineinziehen lassen, die gefährlich sind.

Wer Psalm 131 betet, macht einen Bogen um die *großen Fragen*, wie und wann Gott sich in der Welt als Befreier erweist. Alle Konzentration gilt der Realität. Diese Konzentration ist keine Weltflucht. Die Auslegungen, die in den Psalm hineinlesen, es gelte der Welt zu entsagen und sich mit Blick auf Gott und seinen Himmel zufriedenzugeben mit dem, was ist, verstehen nichts von der Erwartung der biblischen Gottheit. Die Ewige zu erwarten, fordert, sich keine Illusionen über die eigenen Möglichkeiten und gesellschaftlichen Zustände zu machen und sich trotzdem nicht achselzuckend abzuwenden. *Zucht* nennt Dietrich Bonhoeffer die dafür notwendige Anstrengung. Im Juli 1944 im Gefängnis in Berlin-Tegel schrieb er darüber in dem Gedicht *Stationen auf dem Weg zur Freiheit*. Die erste Station auf dem Weg zur Freiheit ist Zucht:

> Ziehst du aus, die Freiheit zu suchen, so lerne vor allem
> Zucht der Sinne und deiner Seele, dass die Begierden
> und deine Glieder dich nicht bald hierhin, bald dorthin führen.
> Keusch sei dein Geist und dein Leib, gänzlich dir selbst unterworfen
> und gehorsam, das Ziel zu suchen, das ihm gesetzt ist.
> Niemand erfährt das Geheimnis der Freiheit, es sei denn durch Zucht.

➜

Diesen Worten folgt eine Reihe von Verwerfungen, die sich wie eine Neuvertextung von Psalm 131 anhören:

„Nicht das Beliebige, sondern das Rechte tun und wagen,
nicht im Möglichen schweben, das Wirkliche tapfer ergreifen,
nicht in der Flucht der Gedanken, allein in der Tat ist die Freiheit".[2]

Zucht ist ein mir fremdes Wort. Doch die Sache ist mir vertraut: einen Weg finden, dass weder Depression noch Aggression mich in ihren Griff bekommen. Wir sprechen heutzutage von *Spiritualität*, wenn es um diese Disziplin der Hoffnung geht. Psalm 131 ist – modern gesagt – eine spirituelle Achtsamkeitsübung, bei der es darum geht still zu werden. Die Betenden beteuern:

„Wenn ich nicht geebnet habe,
stillgemacht meine Seele, dann …" (V.2b.)

Still zu werden heißt, die gesellschaftlichen Zwänge zu unterbrechen, um sie wahrzunehmen und zugleich aus ihnen herauszutreten, um so die eigenen Möglichkeiten neu zu entdecken. Die Zeile, die von der Stilleübung erzählt, ist eine unvollendete Selbstverwünschung – eine Sprachform, die in der hebräischen Bibel hin und wieder begegnet. Der Fluch, der mich im Falle einer Falschaussage treffen soll, wird nicht ausgesprochen, und doch wird eine Selbstverwünschung ausgesprochen, um dem Gesagten höchsten Nachdruck zu verleihen. Die Beteuerung *still geworden zu sein*, gewinnt durch diese Redeformel überraschenden Ernst. Die spirituelle Übung, von der hier die Rede ist, ist keine Freizeitbeschäftigung. Die Menschen, die sich in diesem Psalm aussprechen, suchen Stille, weil das Ringen, menschlich zu bleiben im Angesicht übermenschlicher Mächte, es verlangt. Um die Vision einer umfassenden Verwandlung festzuhalten, die weder Wunschdenken noch gefährliche Schwärmerei ist, findet im Inneren eine fundamentale Auseinandersetzung statt. Das Stillwerden ist ein unentbehrliches Mittel, sich dem Zugriff der herrschenden Mächte zu entziehen. „Hier wird der geheime, uns gefangen haltende Zauberbann gebrochen, und wir werden wieder in eine größere Freiheit gestellt, eine Freiheit, die von Geburt an unser Recht und unser Potenzial ist."[3]

Glaube für Erwachsene

Der Psalm findet ein Bild für den Freiheitsraum, der sich in der Stille geöffnet hat:

„Wie ein Entwöhntes bei seiner Mutter,
wie das Entwöhnte bei mir
– so ist meine Seele" (V.2b.)

Ein Entwöhntes ist ein ca. dreijähriges Kind. Mit drei Jahren wurden Kinder in biblischen Zeiten abgestillt.[4] Das abgestillte, entwöhnte Kind im Bild des Psalms ist nicht das sattgetrunkene Baby an der Mutterbrust. Es ist das Kleinkind an ihrer Hand oder auf ihren Schultern. Die Auslegung „Wie ein gestilltes Kind bei seiner Mutter, wie das gestillte Kind bei mir – so ist meine Seele bei dir GOTT als meiner mich stillenden, schützenden und tröstenden Mutter"[5] setzt sich über den Text hinweg und infantilisiert die Gottesbeziehung. So schön das Bild von Israels Gottheit als nährender Mutter ist, es fehlt die Auseinandersetzung mit dem Aspekt der Trennung, der bei dem Wort entwöhnen immer auch mitklingt.

Psalm 131 beschreibt eine Gotteserfahrungen in gottesfernen Zeiten ähnlich wie Dietrich Bonhoeffer, der während seiner Haft in den Jahren 1943/44 nach einem Gottesverstehen suchte, das ihn nicht ins *Kinderland* zurückführt. „Wir können nicht redlich sein", behauptet er, „ohne zu erkennen, dass wir in der Welt leben müssen – *etsi deus non daretur* (als ob es Gott nicht gäbe). Und eben dies erkennen wir – vor Gott! […] Gott gibt uns zu wissen, dass wir leben müssen als solche, die mit dem Leben ohne Gott fertig werden."[6]

Sicher – das Grauen, das Menschen während des Nationalsozialismus erlitten haben und ansehen mussten, ist Ausnahmezustand, es sprengt Sagbares und Vorstellungsvermögen. Und doch bin ich davon überzeugt, dass die Mütter und Väter, die mit der Gottheit Israels

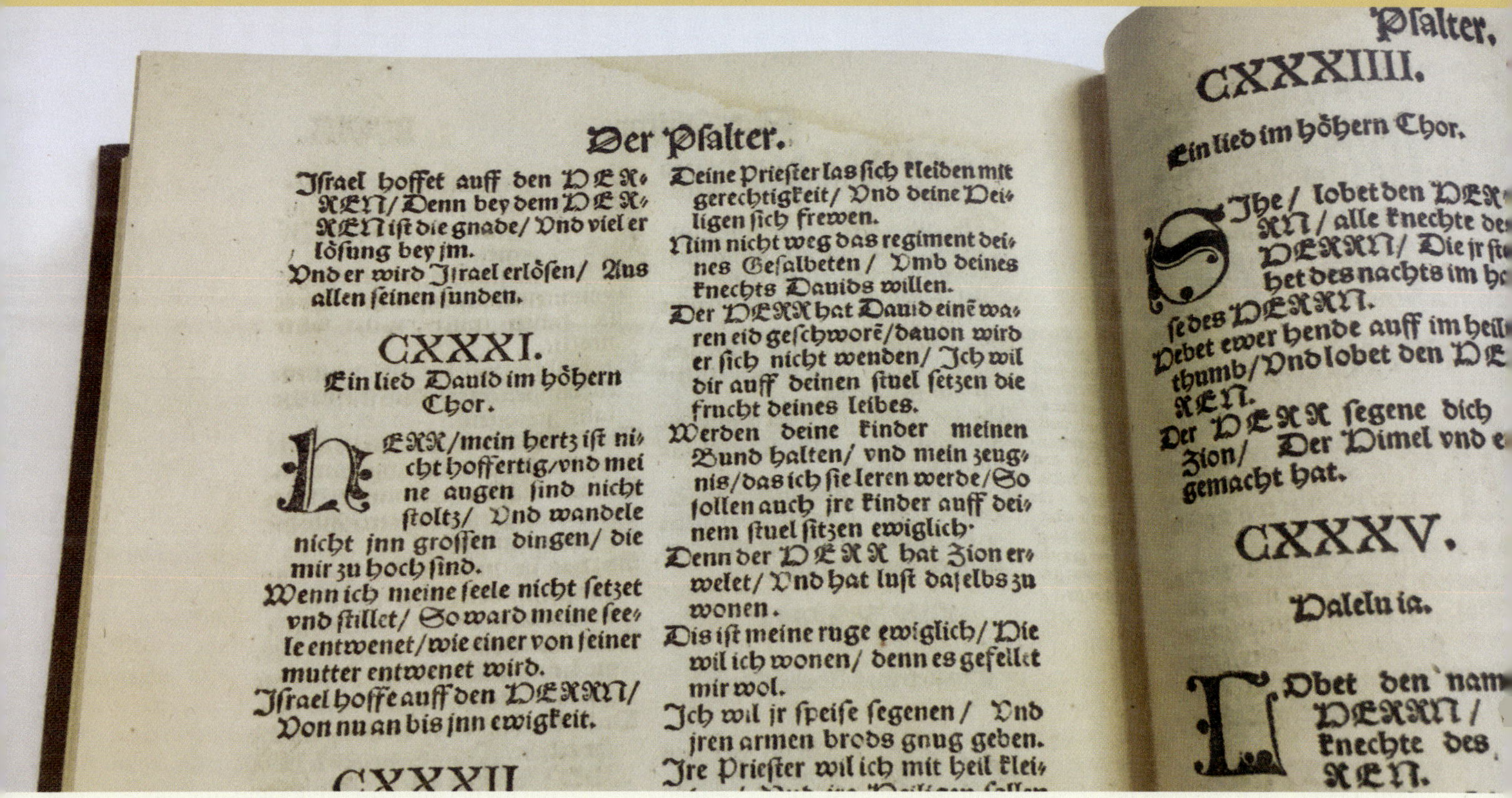

unterwegs waren, mit dem Wort *entwöhnen* um ihre Gottesbeziehung in gottvergessenen Situationen gerungen haben. Ich verstehe das Gleichnis von dem *Entwöhnten bei seiner Mutter* in Psalm 131 als ein Bild, die Erwartung Gottes, um die es dem Psalm geht, angesichts von Gottesferne zu reflektieren. Das Wort *entwöhnen* deutet ein Beziehungsgeschehen an, das Nähe und Geborgenheit in Gott angesichts der Verborgenheit Gottes ermöglicht. Gott zu erwarten als die ständige Möglichkeit zur Verwandlung zum Guten, die jeder Situation innewohnt, heißt nicht wie ein schreiendes Baby darauf zu bestehen, dass jetzt meine Bedürfnisse gestillt werden. Vielmehr blicken die Betenden in diesem Psalm zurück auf einen Prozess, in dem Gott sie – ein Stück weit wenigstens – erwachsen werden ließ. Gott zeigte sich ihnen im Bild einer Mutter, die hofft, dass ihr Kind ihr nicht mehr am Rockzipfel zerrt. Die Betenden wurden behutsam auf eigene Füße gestellt, um in Erwartung der Verwandlung der Welt zu leben, ohne diese Verwandlung an eine himmlische Regierungszentrale zu delegieren. Die Erwartung einer alternativen Zukunft bleibt! Die Gewissheit, dass diese Zukunft sicher kommen wird, schafft Geborgenheit und einen Raum relativer Freiheit in einer Welt, die von Gewalt und Zwängen bestimmt ist. Doch die Gegenwart verändert sich nicht durch die Intervention einer himmlischen Regierungszentrale, die heute meine Bedürfnisse stillt, und alles, was mich stört und bedrängt, verschwinden lässt. Die Gegenwart verändert sich, weil ein neues Kraftfeld entsteht, weil wir achtsam werden, d.h. auf die Möglichkeiten achten, zu denen Gott hier und jetzt drängt.

Anmerkungen

1 Emcke, Carolin: Gegen den Hass, Frankfurt am Main 2016, 15.
2 Bonhoeffer, Dietrich: Stationen auf dem Weg zur Freiheit. in: Dietz, Thorsten (Hrsg.): Theologische Briefe aus »Widerstand und Ergebung«. Große Texte der Christenheit, Band 2. Leipzig 2017, 167 f.
3 Wink, Walter: Verwandlung der Mächte. Eine Theologie der Gewaltfreiheit, Regensburg 2014, 151.
4 So geht aus Notizen in 1 Mose 21,8; 1 Samuel 1,20-23; 2 Makkabäer 7,27 hervor.
5 Hossfeld, Frank-Lothar, Zenger, Erich: Psalmen 101-150 (HThKAT), Freiburg im Breisgau 2008, 607.
6 Bonhoeffer, Dietrich: Stationen auf dem Weg zur Freiheit. in: Dietz, Thorsten (Hrsg.): Theologische Briefe aus »Widerstand und Ergebung«. Große Texte der Christenheit, Band 2. Leipzig 2017, 54.

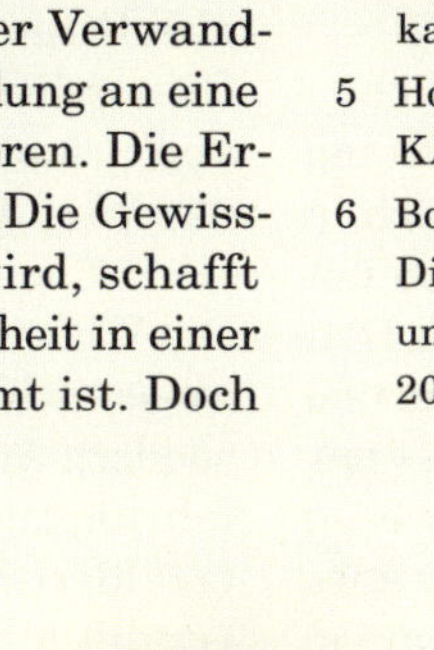

Klara Butting leitet das Zentrum für biblische Spiritualität und gesellschaftliche Verantwortung an der Woltersburger Mühle, Uelzen. Sie ist eine der Herausgeberinnen der Zeitschrift Junge Kirche.
www.woltersburger-mühle.de

Deutungsversuche der Auferstehung Jesu

Susanne Platzhoff

Hoffnung, spezifisch Auferstehungshoffnung, ist dem Christentum zutiefst zu eigen. Wäre dem nicht so, wäre das Kreuz der Endpunkt der Jesus-Bewegung gewesen. Doch durch die Begegnungen mit dem Auferstandenen hat die verzagte Jüngerschar Hoffnung geschöpft; und Vertrauen, dass das Gottesbild, das Jesus ihnen vermittelt hatte, weiter trägt. Jesus und sie selbst waren sogar im Scheitern und in tiefster Not nicht von Gott verlassen. Ihr Leben, so wie sie es mit Jesus gelebt hatten, war nicht sinnlos und falsch. Sie konnten den mit Jesus beschrittenen Weg zu den Ausgestoßenen weiter gehen. Die Erfahrungen mit dem Auferstandenen und die davon abgeleitete Hoffnung auf eine eigene Auferstehung begründen somit die Entstehung des Christentums als Religion – und man kann mit Fug und Recht sagen, dass das Christentum eine auf Hoffnung ausgerichtete Religion ist.

So grundlegend die Auferstehungshoffnung theologisch ist, hatte sie schon früh Kritiker. Mit der Zeit der Aufklärung, mit den Anfragen eines Hermann Samuel Reimarus (1694–1768), begann der Glaube an die Auferstehung Jesu verstärkt in Zweifel gezogen zu werden. Ein Stein des Anstoßes war v.a. der Sachverhalt, dass die vier Evangelien ganz unterschiedliche Aussagen zur Auferstehung machen: Mal sind es die Frauen – zwei (Mt) oder drei (Mk), die den Auferstandenen zuerst sehen, mal sind es Petrus und Johannes (Joh). Mal begegnet er den Seinen in Galiläa (Mt), mal in Jerusalem (Lk, Joh). Vor allem aber wurde bemängelt, dass es immer nur die Jünger waren, die ihn sahen, und dass es keine „unabhängigen" Zeugen des Auferstandenen gab. (Die Erscheinung vor Paulus wurde dabei nicht als unabhängige gewertet.)

Mit dem sich ausbildendenden naturwissenschaftlichen Weltbild wurde zunehmend die Leiblichkeit der Auferstehung infrage gestellt. Dass Glaube und Naturwissenschaft sich in diesem Punkt widersprechen, wurde zu einem Hauptthema. Vertreter des sogenannten *Rationalismus* suchten nach Deutungen, bei denen die biblischen Texte mit dem modernen Weltbild in Einklang gebracht werden konnten – und es entstand u.a. die Hypothese, dass Jesus nur *scheintot* gewesen sei (Heinrich Eberhard Gottlob Paulus, 1761–1851) oder dass sein Leichnam aus dem Grab gestohlen wurde (Reimarus). Die Rationalisten gehen damit von der Historizität eines *leeren Grabes* aus – deuten es aber so, dass die Vernunft keinen Anstoß zu nehmen braucht. Dabei (re-)konstruieren sie einen bestimmten historischen Ablauf, der vermeintlich *hinter den Texten* steht – freilich um den Preis, dass die Texte völlig gegen ihre Erzählintention interpretiert werden.

Vertreter des *Supranaturalismus* halten dagegen, dass die Erzählungen wörtlich zu nehmen sind und ein direktes göttliches Eingreifen bezeugen, bei dem die Naturgesetze außer Kraft gesetzt werden. Durch Vernunft sei das Geschehen nicht zu verstehen. Diese Position hat den Nachteil, dass sie auf kritische Fragen nicht argumentativ eingeht, sondern ihnen lediglich die Forderung entgegenbringt, die biblischen Erzählungen für wahr zu halten. Das widerspricht nicht nur der theologischen Grundeinsicht, dass Glaube etwas anderes ist, als „Für-wahr-Halten". Es schließt auch die Menschen aus, denen es unmöglich ist, *gegen* die Naturwissenschaft zu denken. Prominent wurde daher von Rudolf Bultmann gefordert, dass *Glauben* nicht bedeuten darf, den Intellekt zu opfern. Hinzu kommt das seelsorgliche Argument, dass *Glaube* nicht eingefordert werden kann – und eine Predigt, die von der Auferstehung nur im *Behauptungsmodus* spricht, kaum trösten und Hoffnung wecken wird.

Drei Wege führen aus den Problemen, die die beiden skizzierten Positionen mit sich bringen:

(1) So unterschiedlich die Positionen des Rationalismus und des Supernaturalismus auch sind: Sie gehen beide davon aus, dass die Evangelien beanspruchen, unmittelbare Zeugenaussagen widerzuspiegeln, die sie in die Form von mehr oder minder gelungenen *historischen Berichten* gebracht haben, aus denen wir *retrospektiv* den Ablauf der damaligen Ereignisse entnehmen können. Den entscheidenden Schritt zu einer ganz neuen Lösung des Problems leistete David Friedrich Strauß mit seiner mythischen Betrachtungsweise der Evangelien. Exegeten wie Rudolf Bultmann, Gerd Theißen und Eckart Reinmuth verfolgen den von Strauß eingeschlagenen Weg, die Texte in ihrer ästhetischen Form zu betrachten. Gerd Theißen etwa spricht von einer „Poesie des Heiligen". Die Widersprüche zwischen den Texten sind bei dieser Sichtweise nicht Anlass, die Wahrhaftigkeit in Zweifel zu ziehen, sondern Ausdruck, dass die zugrundeliegenden religiösen Erfahrungen jeweils andere Formen gefunden haben. Sie setzen erzählerisch jeweils andere Pointen. Am zurückhaltendsten erzählt Mk, der sein Evangelium mit der Verheißung enden lässt, dass die Jüngerinnen und Jünger Jesus sehen werden, wenn sie zurück nach Galiläa gehen, ohne das Wiedersehen selbst zu schildern. Auch in den anderen Evangelien, die von der Begegnung mit dem Auferstandenen erzählen, sind durch

Giovanni Bellini, Segnender Christus, um 1465. Quelle: wikimedia.org

die Begegnung nicht alle Fragen geklärt, wie bei Mt, der erzählt, dass selbst einige Jünger zweifelten (Mt 28,17). Alle Erzählungen von Begegnungen mit dem Auferstandenen sind von (bleibenden!) Spannungen geprägt: Glauben und Zweifel (Mt; Joh); Furcht und Verheißung (Mk); Erkennen und Nicht-Erkennen (Lk); Begegnung des Fremden und doch Vertrauten (Joh). Für eine Sprache der *Hoffnung* ließe sich lernen, dass Hoffnung einschließt, Spannungen auszuhalten bzw. trotz Spannungen die Hoffnung nicht zu verlieren.

(2) Ein weiterer Weg, produktiv an den Auferstehungserzählungen festzuhalten, ist das Eingeständnis, dass uns der Blick auf das *historische Ereignis* versperrt ist. Was historisch durchscheint, ist das Erleben der Jünger – und ihre Erfahrungen mit dem Auferstandenen. Damit sind die Evangelien keine *objektiven* Quellen. Sie sind Glaubensaussagen – und als solche durch und durch subjektiv eingefärbt. Das mindert nicht ihre Qualität – erst recht nicht, wenn es um die Frage geht: Was können wir heute glauben? Denn sie sind vertrauenswürdig in dem Sinne, dass sie wahrhaftig ihren Glauben bezeugen. *Erlebnisecht* nennt Gerd Theißen das, was in den Auferstehungstexten erzählt wird – und meint damit, dass es auf authentische Erfahrungen verweist. Die Keimzelle der Hoffnung ist also zunächst (inter)-subjektiv.

(3) Für die Verkündigung heißt das, dass die Auferstehung nicht als *Ereignis* der Vergangenheit zu behaupten ist, sondern dass es darum geht, Jesus von Nazareth als den zu erinnern, der gegenwärtig ist in seiner Gemeinde. Diese Kostbarkeit sprechen wir nicht als *Tatsache* aus, sondern als Verheißung, die im Licht aller Verheißungen Gottes zu sehen ist und damit unter dem eschatologischen Vorbehalt steht. Das heißt, die volle Präsenz Gottes und Christi steht noch aus. Wir leben im Raum zwischen *schon jetzt* – und *noch nicht*. Bei der Verkündigung des Auferstandenen geht es darum, nicht um die Abgeschlossenheit eines *Happy Ends*, sondern um die Verkündigung dessen, der bleibend die Wundmahle des Gekreuzigten trägt.

Susanne Platzhoffs Dissertation ist unter dem Titel „An Ostern die Auferstehung predigen. Eine hermeneutische und qualitativ-empirische Studie zur Osterpredigt der Gegenwart anhand von Predigten zu Mk 16,1–8“ in der Reihe der Arbeiten zur Praktischen Theologie, Band 68 in der Evangelischen Verlagsanstalt erschienen.

Susanne Platzhoff ist Pastorin auf der Insel Fehmarn und hat sich im Rahmen ihrer Dissertation zum Thema „Ostern die Auferstehung predigen“ intensiv mit Auslegung und Deutung der Ostererzählungen befasst.

Hoffnung statt Wachstum? oder Wer aufbricht, der kann hoffen!

Perspektiven kirchlicher Arbeit im Kirchenkreis Prignitz

Eva-Maria Menard

„Nachts ist es kälter als draußen." Über diesen Spruch konnten sich meine pubertierenden Kinder super amüsieren. Mann kann eben nicht Äpfel mit Birnen vergleichen, wenn man es dennoch tut, wird es absurd oder lustig oder beides. Hoffnung statt Wachstum – ist das absurd, lustig oder beides? Auf zahlenmäßiges Wachstum unserer Kirche zu hoffen, scheint absurd. Seit Jahrzehnten gehen die Gemeindemitgliederzahlen kontinuierlich zurück. In unserer Landeskirche im vergangenen Jahr um 1,85 %. Betroffen sind alle Regionen; soziodemografische Konstellationen differenzieren scheinbar das Bild, bilden aber zumeist nur den Trend von Zuzug und Wegzug ab. Also nicht mehr „Wachsen gegen den Trend", sondern „Hoffnung statt Wachstum"? Aber eine Hoffnung ohne ein konkretes Worauf, ist das nicht eine leere Hoffnung? Worauf hoffen wir also als Mitarbeitende unserer Kirche? Oder anders gefragt: Welche Hoffnung trägt uns durch alle Unzulänglichkeiten und Vergeblichkeiten unseres Arbeitsalltags hindurch?

Das Land ist hell und weit

Der Kirchenkreis Prignitz, in dem ich als Superintendentin seit 1 1/2 Jahren tätig bin, umfasst den Landkreis Prignitz, einen Teil des Landkreises Ostprignitz-Ruppin, einige Dörfer in Mecklenburg und die altehrwürdige „Wiege der Prignitz", die Stadt Havelberg, die politisch zum Bundesland Sachsen-Anhalt gehört. Der Landkreis Prignitz ist der am dünnsten besiedelte Landkreis der Bundesrepublik: Auf einem Quadratkilometer wohnen 36 Menschen. Die Kreisstadt Perleberg mit 12.000 Einwohnern ist ehemalige Hansestadt und liegt genau in der Mitte der alten Handelsstraße zwischen Berlin und Hamburg, der heutigen B5. Von der Westprignitz ist man schneller an der Ostsee als in Berlin. Im Süden begrenzt die Elbe den Kirchenkreis, im Norden die A24 und im Osten die Kyritzer Seenkette. Eine Liedzeile hat sich in mir festgesetzt, wenn ich mit meinem Auto nach Pritzwalk, Kyritz, Meyenburg oder Lenzen düse: Das Land ist hell und weit. Von den im skizzierten Bereich lebenden 111.253 Menschen gehören 23.453 der evangelischen Kirche an. Das sind 21,08%; der landeskirchliche Durchschnitt beträgt 15,35%. 200 Kirchen sind identitätsstiftende Landmarken und sichtbare Orientierungspunkte. Die meisten von ihnen wurden in den letzten Jahren mit großem Engagement und viel Geld saniert. Der Kirchenkreis unterteilt sich in 28 Pfarrsprengel und 8 Regionen. In jeder dieser Regionen arbeiten – neben den jeweiligen Pfarrpersonen – in Voll- oder Teilzeit eine Kirchenmusikerin oder ein Kirchenmusiker und eine gemeindepädagogische Kraft. Die Idee ist, jeweils an einem größeren Ort einen Schwerpunkt der Arbeit zu setzen und zugleich Verantwortung für die jeweilige Region zu übernehmen, z.B. bei größeren Gottesdiensten für besondere Musik zu sorgen und Ehrenamtliche in ihrem Engagement zu begleiten.Die Mitarbeitenden im Verkündigungsdienst bilden Teams, die sich in regelmäßigen Abständen treffen, um die inhaltliche Arbeit gemeinsam zu planen und sich auszutauschen. Die Kleinteiligkeit – insgesamt gibt es im Kirchenkreis 181 Gemeinden – erschwert bisweilen die Arbeit der Hauptamtlichen. Schon lange sind daher alle Mitarbeitenden beim Kirchenkreis angestellt; die Besetzung und auch die Ausgestaltung von Stellen wird vom Kirchenkreis gesteuert und verantwortet.

Die Tore stehen offen

Wer länger im Kirchenkreis arbeitet, der hat in den vergangen Jahren viel Abbruch erleben müssen. Die Prignitz ist in den ersten Jahren nach der Wende auf Grund der Strukturveränderungen förmlich ausgeblutet: Die Jungen und die gut Ausgebildeten sind weggezogen, haben anderswo Familien gegründet und Heimat gefunden; die alten Eltern und auch die, die sich nicht auf den Weg machen konnten oder wollten, blieben zurück. Die Gemeinden versuchten, seelsorgerlich bei den Menschen zu bleiben und die Strukturen aufrecht zu erhalten. Die Kirche muss doch im Dorf bleiben! Die finanziellen Einbrüche innerhalb der Kirche führten zu massiven Einsparungen im Mitarbeiterbereich, so dass sich die Last der vielen Aufgaben auf immer weniger Schultern verteilte. Die Zahlen in der Arbeit mit Kindern und Jugendlichen brachen dramatisch ein und haben sich bis heute wenig erholt, obwohl der Trend zum Wegzug erst einmal gestoppt scheint und sich wieder mehr Familien in der Prignitz ansiedeln. Als Kirche stehen wir vor der Aufgabe, an dieser Aufwärtsbewegung aktiv Anteil zu nehmen. Das ist keine leichte, aber eine schöne Aufgabe. Denn die gemeinsamen Verlusterfahrungen haben zu einer großen Bereitschaft geführt, gemeinsam das Leben für die Menschen in der Prignitz zu gestalten. Ob Tourismusverband, Kommunen, Musikschulen, Kitas, Museen – überall finden sich weit geöffnete Türen für kirchliche Mitarbeitende und ihre Ideen. Durch diese Türen gilt es ohne ideologische Scheuklappen zu gehen, sich zu vernetzen und nach neuen Wegen zu suchen. Dort, wo das geschieht, finden sich erstaunliche Aufbrüche.

Im Bereich Kyritz-Wusterhausen z.B. werden in den kommunalen Kitas durch die Mitarbeitenden des Kirchenkreises gemeindepädagogische Angebote unterbreitet. Die Arbeit mit Kindern in den Gemeinden blüht an diesen Orten. Dabei gibt es auch viele praktische Probleme zu bewältigen, welche die weite Fläche und die Ausdünnung der Infrastruktur mit sich bringen. Die Kinder aus den verstreuten Dörfern müssen gesammelt werden, am Schulstandort braucht es geeignete Räume, die Gruppen werden auf die Busfahrzeiten abgestimmt. Unter diesen Bedingungen wurde z.B. der Ansatz „Kirche kreativ“ entwickelt, der die Kinder altersgemischt einen ganzen Nachmittag betreut und ihnen neben Freizeit, musikalische und gemeindepädagogische Angebote unterbreitet, quasi ein christlicher Hort.

Eva-Maria Menard ist Pfarrerin und Superintendentin im Kirchenkreis Prignitz.

Die Zukunft ist sein Land

Der Kirchenkreis hat seit 2014 eine „Zukunftswerkstatt“, die neuen Ideen und Ansätzen Raum gibt und die Finanzierung aus einem Sonderfond übernimmt.
Drei Projekte, die dadurch aufgebaut und gefördert werden:

1. In Perleberg wird demnächst „Zwischenstop – ein Kontaktbüro für Jugendliche“ eröffnet. In der Nähe des Gymnasiums wurde ein Laden angemietet, der den Jugendlichen nach der Schule und vor der Rückfahrt in ihren Heimatort, die Möglichkeit eröffnen soll, sich zu treffen und auszutauschen. Die Sachkosten und die Aufstockung der entsprechenden Stelle wird für zwei Jahre aus der Zukunftswerkstatt finanziert.

2. In Pritzwalk gibt es seit drei Jahren das Eltern-Kind-Zentrum, das Dienstag bis Freitag von 9-18 Uhr Eltern und Kinder einlädt. Das Angebot wird von vielen kirchenfernen Familien wahrgenommen. Die Stadt ist dankbar für dieses Angebot. Die Gemeinde begleitet die Arbeit intensiv, es gibt in den Räumen die „Bibelkids“ und die Krabbelgruppe, Beratung und Förderung, Familiengottesdienste etc. Ende August werden wir den 11.111-sten Besucher begrüßen. Bis Ende 2020 muss geklärt sein, wie sich die Trägerschaft des EKidZ gestaltet, bis dahin trägt die Zukunftswerkstatt die Kosten. www.ekidz-pritzwalk.de

3. Im Kirchenkreis hat sich eine Initiativgruppe zur Gründung einer Evangelische Schule gebildet. Nach einem Jahr Vorarbeit wird deutlich, dass der Aufbau einer Schule sich nicht nebenbei stemmen lässt. Die Zukunftswerkstatt übernimmt nun die Finanzierung einer Stelle, welche die Gründung der Schule vorbereiten und begleiten soll.

Wer aufbricht, der kann hoffen

Hoffnung ist Vertrauen in die Zukunft. Der Soziologe Luhmann hat es so formuliert: „Wer Vertrauen erweist, nimmt Zukunft vorweg. Er handelt so, als ob er sich der Zukunft sicher wäre.“
Ich übersetze den Luhmann'schen Satz in unsere Zusammenhänge: Wer hofft, nimmt Zukunft vorweg, er handelt, weil er sich der Zukunft von Gott her gewiss ist. Wer hofft, ist Realist und handelt zugleich im Vertrauen, dass Gott ihm entgegen kommt und Zukunft schenkt.

Zukunft muss gewagt werden, es gibt keinen Weg zur Zukunft auf dem Weg der Sicherheit oder der Absicherung – nur auf dem Weg der Gewissheit. Wir sind uns unserer Zukunft als evangelischer Kirche nicht sicher, aber wir sind uns ihrer – Gott vertrauend und auf ihn hoffend – gewiss. Es ist nicht unsere Verantwortung, uns um die Zukunft des Evangeliums zu sorgen, dafür sorgt Gott. Unse Verantwortung ist es, dieses Evangelium so unter die Menschen zu bringen, dass sie es für ihr Leben als glaubwürdig erfahren und Christinnen und Christen zum spürbaren Segen für Gottes Erde werden.

Durch Gnade bin ich, was ich bin

Kirchliche Mitarbeitende als Hoffnungsträger

Matthias Selke

In der letzten Woche machte mich ein kirchlicher Mitarbeiter aus der Arbeit mit Kindern auf das Jugendbuch *Nichts: Was im Leben wichtig ist* von Janne Telle aufmerksam. „Nichts ist von Bedeutung", sagt der 12-jährige Pierre Anthon. Und mit diesen Worten verabschiedet er sich zu Beginn des Buches aus der Schule, aus seiner Klasse, von seinen Freunden. Fortan lebt er auf einem Pflaumenbaum und konfrontiert jeden und jede mit dieser seiner Erkenntnis: „Nichts ist von Bedeutung!" Seine Mitschüler stürzt das in eine große Not. Mit aller Macht – taumelnd zwischen Ohnmacht und Gewalt – versuchen sie sich gegen das Loch der Bedeutungslosigkeit zu wehren, zu stemmen, versuchen der damit verbundenen Hoffnungslosigkeit zu entfliehen. Denn wo bleibt die Hoffnung auf Bedeutung, wenn alles in der Bedeutungslosigkeit versinkt wie in einem Nichts?

„Nichts ist von Bedeutung!" So entsteht in mir der Eindruck einer Welt, die nicht nur durch Twitter im Meer der Nachrichten und Mitteilungen regelrecht ertrinkt. Wo eine Nachricht eines Autors in der nächsten Minute vom gleichen Autor mit einer anderen Nachricht überholt wird …: Hauptsache, ich habe getwittert! Und die Lesenden stehen im Regen der Bedeutungssuche und schwanken zwischen Ratlosigkeit, Ohnmacht und Wut und schauen sich fragend an: „Wo bleibt denn da die Bedeutung, die Hoffnung, der Weg?" Oder ist alles *Getwitter* Irrlicht einer nie enden wollenden Odyssee? Inmitten all dieses Trubels – ob selbst gefühlt als Flaute, raue See, Sturm oder Orkan – steht die Überschrift dieses Artikels *Kirchliche Mitarbeitende als Hoffnungsträger.* Vor aller Antwort auf die Frage nach Bedeutung und Hoffnung klingen leise Töne eines vertrauten Kanons in mir: „Hoffnung die dunkle Nacht erhellt, Hoffnung, die niemals zusammenfällt, Hoffnung, Christus schenkt sie aller Welt."

Hoffnungsträger sind riesige Projektionsflächen. Die zu Ende gegangene Fußballweltmeisterschaft bestätigt mir diese Sichtweise eindrucksvoll. So heißt es ja in Deutschland: Wir haben 23 Spieler in der Nationalmannschaft und ca. 80 Millionen Trainer. Menschen, die die Hoffnungsträger nach ihrem Bild formen und gestalten, messen und beurteilen. Millionen von Menschen *basteln* sich ihren Hoffnungsträger. Wer will da schon Hoffnungsträger sein?

Wie steht es mit kirchlichen Mitarbeitenden? Auch hier spielen Wünsche, Erwartungen und Projektionen eine große Rolle. Das wird überdeutlich in den Zwischenräumen so mancher Stellenausschreibung:

Unsere Gemeinde
- bietet gute Arbeitsbedingungen,
- verfügt über ein gutes Team, das sich auf Sie freut,
- bietet alle Schulen vor Ort und eine gute ärztliche Versorgung,
- ermöglicht eine Dienstwohnung incl. Büro.

Noch deutlicher leuchtet es auf bei einer wiederholten Ausschreibung für eine Stelle. Jeder möchte dem Lesenden, dem Interessierten die Fackel überreichen mit den Worten: „Sie sind unser Hoffnungsträger!" Die Mitarbeitenden voller Erwartungen und Sehnsüchte folgen dem auserkorenen Hoffnungsträger wie ein Bienenschwarm, aus dessen Kelch man endlich den ersehnten Blütensaft entnehmen kann:
- Endlich ist da jemand, auf den die Arbeit delegiert werden kann – hoffentlich macht er/sie das!
- Hoffentlich ist er/sie eine gute Ergänzung zu mir, zum Team, zu uns!
- Hoffentlich bringt er/sie frischen Wind!
- Hoffentlich macht er/sie das, wozu uns die Puste ausgegangen ist!
- Hoffentlich sieht er/sie mich in meiner Bedeutung für die Gemeinde/Region/die Kirche!
- Hoffentlich erwartet er/sie nicht zu viel von mir!

Kirchliche Mitarbeitende sind Hoffnungsträger, und das nicht nur aus der Sicht der anderen. Aus der Sicht berufsbiografischer Laufbahnentwicklung entfaltet sich für mich dieses Bild. Alles beginnt mit Hoffnung, bevor ich überhaupt kirchlicher

Das Haus der Arbeitsfähigkeit
(nach Juhani Ilmarinen)

Mitarbeiter werde. Ich möchte einen Beruf für mich finden, der mir Spaß und Freude macht, der mich herausfordert, in dem ich mich mit meinen Gaben und Möglichkeiten entfalten kann, in dem ich Verantwortung übernehmen und in dem ich etwas verändern kann. Nach dem Studium oder der Fachschule folgt der Berufsanfang. Auch dieser Anfang ist voller Hoffnung und Bedeutsamkeit. Es folgen die Jahre der beruflichen Tätigkeit und mit ihr immer wieder auch Zeiten, wo ich Raum habe zu fragen: Was ist aus meiner anfänglichen Hoffnung geworden? Es braucht Platz für Standortbestimmung, in der ich Antworten finde: Wo stehe ich gerade? Wo will ich hin? Wo sind Perspektiven in der Kirche für mich? Wie bleibe ich gesund? Wie sieht eine gute Balance im Haus meiner Arbeitsfähigkeit aus?

Neben die Ebene der eigenen Berufsbiografie gesellt sich eine zweite Ebene: Was braucht ein Hoffnungsträger? Was braucht es, damit die Hoffnungen der anderen und die eigenen mir nicht die Luft nehmen? Was braucht es, damit die Hoffnung weiter Luft und Leichtigkeit atmen kann? Wo Worte aus dem 31. Psalm erfahren werden: „Herr, du stellst meine Füße auf weiten Raum!" Vor allem Tun und als Grund allen Wirkens: eine Verwurzelung im Grund des Glaubens – in Gott selbst. Das bedeutet für mich eine eigene Weise der Spiritualität zu finden. Eine Weise, die meinen Alltag durchdringt und so selbstverständlich ist wie die Luft zum Atmen. Eine Weise, die mich den Rhythmus von Beten und Arbeiten durchbuchstabieren lässt. Eine Weise, in die ich behutsam eingeführt und zunächst begleitet werde von einem erfahrenen geistlichen Lehrer. Einem Lehrer, der gemeinsam mit mir von der Quelle des Lebens trinkt, den Durst löscht, bevor ich andere auf diesem Wege begleiten kann als Hoffnungsträger – oder besser: als Träger der Hoffnung – als Licht der Welt, als Salz der Erde.

Aus diesem Wurzelgrund des In-Gott-gegründet-Seins ergibt sich die Möglichkeit und auch die Notwendigkeit für das, was Eric Berne, Gründer der Transaktionsanalyse, mit Autonomie beschreibt. Diese wird in drei Weisen das Leben zu gestalten sichtbar:

- Die Bewusstheit (awareness): Im achtsamen Umgang mit sich, mit dem anderen, mit der Welt (einer Achtsamkeit auf das eigene Innen und das andere Außen), daraus resultierend die Erlaubnis, sich ganz und gar auf das Hier und Jetzt des gegenwärtigen Augenblicks einzulassen.
- Die Intimität: Die Fähigkeit zu einer Balance von Nähe und Distanz und resultierend daraus die Erlaubnis zum Abwägen zwischen dem Dasein für mich und dem Dasein für andere.
- Die Spontaneität: Die Gabe flexibel auf das Hier und Jetzt zu reagieren und die daraus sich ergebende Erlaubnis, in großer Freiheit auf das gegenwärtig Erlebte authentisch einzugehen.

Kirchliche Mitarbeitende sind Hoffnungsträger, aber nicht aus eigener Kraft, sondern wie Paulus sagt: „Durch Gnade bin ich, was ich bin: Träger der Hoffnung, Licht der Welt, Salz der Erde."

Pastor Matthias Selke ist Studienleiter für die Arbeitsstelle Gemeinschaft der Dienste im Pädagogisch-Theologischen Institut (PTI) der Nordkirche im Hauptbereich Schule, Gemeinde- und Religionspädagogik.

Glaube – Hoffnung – Liebe: Die Mitte im Dreiklang

Christine Ursel

Wenn es ein Trauspruch-Ranking gäbe, wäre dieser sicher unter den TOP 10!

„Nun aber bleiben Glaube, Hoffnung, Liebe, diese drei; aber die Liebe ist die größte unter ihnen.“
(1. Korinther 13, 13)

Was berührt und fasziniert an diesem Satz aus dem Hohen Lied der Liebe? Es ist ein Statement und bekennt, was im Leben (wirklich) zählt. Darauf möchten sich Menschen verlassen, um nicht verlassen zu sein. Als Tugenden akzeptieren sie viele – auch im Management kommen sie immer mehr ins Bewusstsein. Mit den Sinnbildern „Kreuz“, „Anker“ und „Herz“ können viele Menschen etwas anfangen, unabhängig davon, wie stark sie sich selbst als religiös sehen würden. Diese sind auch ein beliebtes Tattoo-Motiv, das im wahrsten Sinn des Wortes „unter die Haut“ geht oder kalligraphisch gestaltet in groß ganze Wände ziert. Mitten in der Beliebigkeit der unendlich erscheinenden Optionen sind Glaube, Hoffnung und Liebe ein Bekenntnis zu einer Sehnsucht nach Sinn, Halt und Verbundenheit.

Im Hohen Lied der Liebe, wird die Liebe als die größte beschrieben. Gleichzeitig ist in der Aufzählung die Hoffnung in die Mitte dieser Trias gestellt. Eine deutliche Aussage, die sich gut auch musikalisch verstehen lässt – als Dreiklang.

In der Musik besteht ein Dreiklang aus einer Folge von drei Tönen, die in einem bestimmten Tonabstand zueinander stehen und einen Akkord bilden. Zwischen dem Grundton und der Quinte kann eine sog. große Terz stehen. Das ergibt einen hell klingenden Dur-Akkord. Wenn statt der großen Terz eine kleine Terz dazwischen liegt, klingt das Ganze düsterer, trauriger – ein Moll-Akkord. Je nach Tonhöhe des mittleren Tons wird also der Gesamtklang geprägt: In Moll oder Dur.

Das lässt sich auch auf die Hoffnung im Dreiklang mit Glaube (Grundton) und Liebe (Quinte) übertragen. Ist die Hoffnung „klein“, ergibt sich eine getrübte Stimmung für den ganzen Lebensakkord. Ist die Hoffnung jedoch „groß“, erstrahlen durch diese Hoffnung Glaube und Liebe zu einem fulminanten und ermutigenden Klang. An der Hoffnung liegt es, ob das Lebenslied in Moll klingt oder Dur. Wie die Hoffnung genährt und gepflegt wird, so tönt es das ganze Leben ein.

Die Hoffnung ist auch ein zentraler Aspekt im diakonischen Handeln der Kirche. Die Option für die Armen, eine Kirche für andere, das geht nur mit Hoffnung im Innen und das geht nur gemeinsam. Eine kleine Rechnung macht dies deutlich – **das kleine 1×1 einer diakonischen Kirche:**

(Glaube + Hoffnung + Liebe) × Handeln = Diakonie

Die Dienstgemeinschaft aller, die ihren Glauben, ihre Hoffnung und ihre Liebe zusammenlegen – hier durch die Klammer verdeutlicht – wird mit dem konkreten Handeln multipliziert. Das Ergebnis ist Diakonie als Dienst am Menschen aus einem gelebten Glauben heraus. Und dabei klingt die Hoffungskraft durch: Ist das voll von Zuversicht und erinnert an einen Dur-Akkord oder schwingen da eher Mühsal, Zweifel und Verzweiflung mit und geben dem Ganzen eine Moll-Färbung. Es kommt auf jede und jeden einzelnen an und den aktuellen Hoffnungsbeitrag, den alle intonieren. Der Ton macht die Musik – insbesondere eben die Mitte im Dreiklang!

Christine Ursel ist Redaktionsmitglied der PGP und arbeitet als Fortbildungsreferentin im Diakonischen Werk Bayern – Diakonie.Kolleg.

Rorate ausprobieren

Eine katholische Tradition entdecken

Jeremias Treu

Es ist 6 Uhr morgens. Draußen ist es noch dunkel. Der Wind ist eisig und die Temperatur hat draußen ein großes Minuszeichen. Wir befinden uns an diesem zweiten Mittwoch im Advent in einem Dorf in der Ostschweiz. Normalerweise ist es um diese Zeit noch ruhig hier. Aber heute nicht. Fast 150 Kinder und Jugendliche strömen noch vor dem Unterricht in die katholische Kirche. Einige kommen in Begleitung ihrer Eltern. Einmal in der Woche lädt die katholische Gemeinde in der Adventszeit zu Rorate ein. Ich hatte davon zuvor noch nie etwas gehört. Dieses Morgengebet wird hier ökumenisch vorbereitet. Auch das ist in der vornehmlich katholischen Region nicht selbstverständlich, denn, so lese ich, die Ideen für Rorate-Messen im Advent sind eine katholische Eigenheit.

Den Namen Rorate hat das Morgengebet vom dem Ruf des Eröffnungsverses „Rorate caeli desuper, et nubes pluant justum!", also „Träufelt, ihr Himmel, von oben, und ihr Wolken, regnet Gerechtigkeit!" (Jes 45,8). Diese Atmosphäre und auch die Jugendlichen, die freiwillig vor Schulbeginn in die Kirche kamen, haben mich beeindruckt. Das Innere der Kirche ist in ein stimmungsvolles Kerzenlicht gekleidet. Eigentlich passiert ja gar nicht viel. Es werden ein paar Lieder gesungen, Texte gelesen vom Licht, das die Dunkelheit überwindet. Diese Mischung aus Gemeinschaft, spiritueller Atmosphäre, unaufdringlichen Texten und Liedern haben etwas Anziehendes, jedenfalls in dem Dorf in der Schweiz, in dem schon längst die schleichende Säkularisierung angekommen ist. Ich habe noch den Satz im Ohr: Jesus möchte wie ein himmlisches Licht in alle Dunkelheit unserer Herzen hineinleuchten und die Finsternis aus dieser Welt vertreiben. Das zarte Licht der vielen brennenden Kerzen berührt unsere große Sehnsucht nach Frieden und Gerechtigkeit

Im Anschluss wurde zu einem einfachen Frühstück in das benachbarte Gemeindehaus eingeladen. Gewiss, die Rorategebete haben in diesem Ort Tradition. Wer weiß, wie es in 50 Jahren aussieht. Mich haben sie beeindruckt, und ich habe mich gefragt, ob sich der Versuch nicht lohnt, zu solchen Rorateandachten in der Adventszeit vielleicht auch in ökumenischer Verantwortung einzuladen. Warum nicht die Rorategebte mit den Konfis vorbereiten? Ich erinnere mich noch daran, als ich als junger Gemeindepfarrer morgens um 6 Uhr zum Osterfeuer einlud, dass ich überrascht war, wie viele Menschen gekommen sind. Es wurden von Jahr zu Jahr mehr. Viele Konfis waren trotz der ungewöhnlichen Uhrzeit als Akteure gern dabei. Für mich hat Spiritualität immer auch eine sinnliche und körperliche Dimension. Ich glaube, es hat eine große Kraft und Anziehung, früh am Morgen aufzustehen, sich auf den Weg zu machen, dem Licht zu begegnen, Gemeinschaft zu erleben, nicht allein zu sein mit der eigenen Sehnsucht und sich mit tröstenden und ermutigenden Worten zu kleiden. Den Ablauf stelle ich mir ganz einfach vor.

In der Kirche brennen überall nur Kerzen.

1. Liedvers z. B. aus Taize
2. Begrüßung
3. Lichtmeditation
4. Biblische Lesung mit verschiedenen Leser*innen im Kirchraum verteilt.
5. Liedvers
6. Kerzenaktion: Im Altarraum stehen einige größere Kerzen, die nicht entzundet wurden. Jede Kerze steht für ein Thema, für das in der Fürbitte gebetet wird.
7. Vater Unser
8. Segen
9. Liedvers

Anschließend Einladung zum Frühstück in den Gemeindesaal.

Jeremias Treu ist Studienleiter für Konfirmandenarbeit im Amt für kirchliche Dienste der EKBO und Mitglied der PGP-Redaktion.

Weihnachtsandacht

für Familien mit kleinen Kindern am Vormittag des 24. Dezember

Olaf Reinhart

Intentionen

Ein konkretes Angebot für Familien mit kleinen Kindern am Weihnachtstag. Der Vormittag wurde gewählt, um dem Tagesablauf der Kinder/Familien zu entsprechen. Unsere Christvespern am Nachmittag sind in der Regel überfüllt und liegen zeitlich ungünstig für Familien mit kleinen Kindern. Die Elemente der Andacht wurden zielgruppenbezogen ausgewählt. Letztlich wird die Weihnachtsgeschichte erzählt, anschaulich und in kurzen Sequenzen.

Material

Liedzettel, Geschenkkarton, großes Tuch für einen Vorhang, Krippenspielkostüme, Krippe mit Kerze, Kerzen.

	Ablauf	*Beiträge*	*Verantwortl.*
1	**Vorspiel**		Kantorin
2	**Begrüßung**	Ein herzliches Willkommen allen zu dieser zeitigen Christvesper an Heilig Abend. Besonders möchte ich die Kinder begrüßen. Schön, dass ihr da seid! Bestimmt habt ihr schon gespannt auf diesen Tag gewartet und habt jeden Tag ein Türchen am Adventskalender aufgemacht. Nun ist es soweit! Was ist denn so besonders an diesem Tag? Geschenke, Kerzen, Tannenbaum... Ich möchte noch jemanden hier bei uns begrüßen – das ist Gott. Lasst uns zu ihm sprechen und beten. Lieber Gott, es ist schön, dass wir heute Weihnachten feiern können. Wir wollen hören und sehen, warum wir dieses schöne Fest haben. Danke, dass wir hier zusammen sind und du unsichtbar auch bei uns bist. Sei uns willkommen. Amen	
5	**Musik**		Kurrende
6	**Hinführung: Geschenk**	Ein großer Geschenkkarton steht im Altarraum. (Im Karton ist ein großes Tuch. Dies wird später als Vorhang genutzt. - Wer möchte ein Geschenk? - Was könnte drin sein? - Brauchen wir Geschenke? Heute geht es um ein Geschenk, das ist so groß, das reicht für alle.	
7	**Lied**	Zu Bethlehem geboren	Kantorin
8	**Geschenk auspacken**	*Einige Kinder kommen nach vorn und packen aus.* *Ein für die Kinder riesiges Tuch wird im Karton entdeckt.*	
9	**Musik**		Kurrende
10	**Weihnachtsgeschichte Teil 1**	Mit dem Tuch/Vorhang wird die Sicht in den Altarraum versperrt. Kinder aus der Kurrende verkleiden sich und bauen hinter dem Tuch ein stehendes Bild. Tuch senkt sich, Geschichte wird erzählt. Maria und Josef - Herbergssuche Damals regierte der Kaiser Augustus in Rom. Dieser Kaiser wollte wissen, wie viel Menschen in seinem Reich wohnen. Alle sollten gezählt werden. Dafür sollte jeder in seinen Heimatort gehen. Maria und Josef mussten nach Bethlehem gehen. Das war ein weiter Weg. Maria war schwanger und das Kind sollte bald geboren werden. In Bethlehem fanden sie kein Zimmer. Alle Herbergen waren voll. Nur in einem Stall war Platz für sie. Dort sollte das Kind zur Welt kommen. *Vorhang schließt sich*	
11	**Lied:**	Ihr Kinderlein kommet (1. und 2. Strophe)	Kantorin

	Ablauf	*Beiträge*	*Verantwortl.*
12	**Weihnachtsgeschichte Teil 2**	*Währenddessen hat sich eine neue Szene gebaut. Tuch senkt sich langsam und gibt den Blick auf die Hirten frei.* Draußen vor den Toren der Stadt, da wachten die Hirten bei den Schafen. Immer waren sie dort draußen, auch in der Nacht, wenn es dunkel und kalt ist – weit weg von den Lichtern des Ortes und den fröhlichen Festen. Sie hatten es manchmal ganz schön satt: immer ausgeschlossen zu sein. Wenn man immer bei den Tieren ist, da kann man sich auch nicht so waschen und riecht dann auch nach Tieren. Und die Leute aus der Stadt, die hielten sich dann die Nase zu und wollten mit den Hirten nichts zu tun haben. Den Hirten ging es also wirklich nicht gut. Aber dann passierte etwas ganz Unglaubliches: Es wurde plötzlich ganz hell und es strahlte ein Licht am Himmel auf - ganz funkelnd wie von tausend Sternen. *Auftritt der Engel. In unserem Fall sprühende Wunderkerzen. Toller Effekt! Man sollte aber unbedingt auf den Brandschutz achten!* „Was ist das?“, riefen die Hirten erschrocken und hatten Angst. Aber es waren Engel von Gott. „Fürchtet euch nicht!“, sagten die Engel. „Wir bringen Euch eine große Freude. Heute ist der Retter geboren. Der Heiland für alle Menschen. Geht nach Bethlehem, dort werdet ihr im Stall das Kind finden. Es liegt in einer Futterkrippe.“ Und die Engel sangen wunderbar: „Ehre sei Gott in der Höhe und Frieden auf Erden bei den Menschen, weil Gott sie lieb hat.“ Und so schauten die Hirten ergriffen hinauf zu den Engeln und konnten es kaum glauben, was sie da gesehen und gehört hatten ... Aber sie wollten selbst sehen, ob es wahr ist und machten sich auf den Weg nach Bethlehem. *Vorhang verdeckt wieder die Szene*	
13	**Lied**	Ihr Kinderlein kommet (3. Strophe)	Kantorin
14	**Weihnachtsgeschichte Teil 3**	*Währenddessen hat sich eine neue Szene gebaut. Tuch senkt sich langsam und gibt den Blick auf Maria und Josef an der Krippe frei.* Das Kind ist geboren. Maria hat es in Windeln gewickelt und in eine Futterkrippe gelegt. Ich glaube, das Kind und Maria schlafen. Josef passt auf sie auf. Plötzlich hört er Geräusche. Die Tür zum Stall geht auf. Da sind die Hirten. Sie haben ihr Ziel erreicht. Sie betrachten das Kind in der Krippe, das Jesuskind. Dieser Anblick mach sie froh.	
15	**Lied**	Ihr Kinderlein kommet	Kantorin
16	**Fürbitten**	Zwischen den Bitten singen wir: Tragt in die Welt nun ein Licht Lasst uns beten: Jesus ist das Licht in der Nacht. Wir bitten: Jesus unser Licht leuchte über alle Menschen, die krank, traurig, einsam oder verlassen sind. Fürbittruf Jesus unser Licht leuchte über alle Menschen, die nicht das Nötigste zum Leben haben, die in Armut leben, die von Krieg umgeben sind. Fürbittruf Jesus unser Licht leuchte über uns. Wir vertrauen dir, dass du uns kennst, dass du uns in deinen Händen hältst, dass wir von deiner Liebe umgeben sind. Vater unser ...	
17	**Aktion**	Das Kind in der Krippe ist das Geschenk für alle Menschen. Ein Geschenk Gottes - so groß, dass es für alle reicht. Nun können wir Gott und Jesus nicht sehen. Darum haben wir ein Zeichen dafür mitgebracht – in der Krippe brennt ein Licht. Wir haben noch mehr Kerzen und wollen das Licht weitergeben, dass es auch bei uns leuchten kann. *Dazu singt die Gemeinde: Tragt in die Welt nun ein Licht ...* *Aktion: Kerzen verteilen (Körbe) und am Krippenlicht entzünden und Licht an die Familien weitergeben*	
18	**Segen**		
19	**Lied**	Oh du fröhliche	Kantorin

Olaf Reinhart ist Gemeindepädagoge in der Marienkirchgemeinde Leipzig Stötteritz.

Der Engelsgruß in der Nürnberger Lorenzkirche

Zeichen der Hoffnung

Susanne Bammessel

Maria, eine junge Frau aus Nazareth, unverheiratet, wird schwanger; kein Grund zur Freude! Das Buch fällt ihr aus der Hand, in dem sie gelesen hatte. Nicht guter Hoffnung ist sie zuerst, sondern voller Furcht. Der Engel Gabriel überbringt ihr diese Botschaft. Aus heiterem Himmel wird sie mama in attessa. Langsam, sehr langsam verändert sie sich. Bis sie schließlich zugehen kann auf das Neue, Geheimnisvolle. Auf das Leben, das sie unter ihrem Herzen trägt.

Der Englische Gruß oder Engelsgruß, ersonnen und aus Lindenholz geschnitzt von Veit Stoß (geb. um 1450, gest. 1533), ist 500 Jahre alt. Im Oval von insgesamt 50 kleinen goldenen Rosen ist die Verkündigung der Geburt Christi dargestellt. „Ave Maria, gratiaplena“ (Lukas 1,28) – Dieser Gruß gibt dem Kunstwerk seinen Namen. Der Gruß des Engels – Engelsgruß.

In regelmäßigen Abständen wird das berühmte Kunstwerk aus luftiger Höhe herabgelassen: zur Wartung und Pflege. 10 Gründe, warum man es sich ansehen sollte:

1. Wie groß die Figuren sind! –Über 2,15 m groß sind die Skulpturen von Maria und Gabriel in der Mitte des Ovals.
2. Die Füße des Gabriel – nackte Füße des Erzengels. Ein bisschen erinnern sie auch an die Füße eines alten Menschen.
3. Die Lichtreflexe in Gabriels Augen – nirgends so wie hier, im Hallenchor der Lorenzkirche, sollte das Kunstwerk aufgehängt sein. Denn in Gabriels Augen spiegeln sich die Obergadenfenster des Hallenchores.
4. Marias fallendes Buch – es fällt und fällt, seit 500 Jahren. Eine der vielen verblüffenden Momentaufnahmen des genialen Bildschnitzers Veit Stoß.
5. Die Schellen des Trägerengels – eine kleine, rollende Kugel darin lässt die Krallenschellen zu echten, hölzernen Instrumenten werden.
6. Zierliche kleine Engel – über den Köpfen der Mittelfiguren schweben sie. Mit ihrem Feder- oder Fellkleid sind sie ebenfalls Überbringer der Freude.
7. Applizierte Sterne – auf der Rückseite der Medaillons zu entdecken, klein, unterhalb von Sonne und Mond.
8. Fassung und Farbe – gelüstertes Gold, schillerndes Rot, mattes Blau und noch viele andere Farb-Nuancen und raffinierte Facetten sind zu sehen auf den Gewändern und in den Flügeln der Engel.
9. Marias Grübchen – so jung und schön ist sie dargestellt! Auch in ihrem Schreck über den Besuch des Engels sind doch ihre Grübchen noch zu erkennen.
10. Der Trägerengel – Freude, die ansteckt. Ein kleiner, starker Engel trägt die beiden Figuren strahlend auf seinen Armen und Flügeln. Hinein in den Innenraum der Lorenzkirche.

Advent im Hochsommer feierten wir in diesem Juli und damit den Glauben daran, dass unser Gott sich aufmacht zu uns.

Aus den Haushaltsbüchern des Stifters Anton Tucher geht das Datum des ersten Aufziehens hervor: 17. Juli 1518. Am 17. Juli 2018 um 17.17 Uhr wurde das Kunstwerk unter den Augen aller anwesenden Gäste wieder hochgezogen. Fanfaren erklangen und Orgelmusik. Im Dachboden wurde die Winde gedreht und der Engelsgruß schwebte langsam nach oben. Unvergesslich wird für viele bleiben, dass Maria und Gabriel zunächst falsch herum schauten: Nach Osten statt in den Westen der Kirche. – Erst als sie sich wieder gedreht hatten, löste sich die Spannung in einem großen Applaus.

Ein Bild für mich: Die Hoffnung richtet sich aus – hin zum Licht. Wer, wenn nicht Maria, wird das wissen! Sie ist uns – katholischen und evangelischen Christen – Vorbild im Schauen und Glauben.

Susanne Bammessel ist Touristenseelsorgerin an der St.-Lorenz-Kirche in Nürnberg.

Fotos: Gerd Grimm, Nürnberg (Autorin), Bernhard Kaiser, Regensburg (links), Thomas Bachmann, Bamberg (oben)

Sterne der Hoffnung

Gottesdienst zum Jahresende mit Stationen der Besinnung

Lutz Damerow

Der Übergang vom alten ins neue Jahr bietet Gelegenheit, noch einmal auf das vergangene Jahr zurückzublicken, um zu betrauern, was schwer war und um für das zu danken, was das Leben bereichert und das Herz erfreut hat. So ein Rückblick gibt der Erinnerung Raum und wirkt unserem schnellen Vergessen entgegen. „Lobe den Herrn, meine Seele, und vergiss nicht, was er dir Gutes getan hat." (Psalm 103,1) Erst wenn die Seele das Alte bedacht hat, kann sie frei und offen für Neues sein.

Diesen Gedanken haben wir – meine Frau Martina und ich – in einem Gottesdienst zum Jahresende dergestalt umgesetzt, dass wir anstelle einer langen Predigt den Gottesdienstbesucherinnen und -besuchern die Möglichkeit gegeben haben, sich an einzelnen Stationen, die wir im geräumigen Kirchenraum unserer Petruskirche in Kiel verteilt hatten, zu besinnen, um mit sich und mit Gott ins Gespräch zu kommen. Begleitet und untermalt wurde diese Besinnungszeit von einem Musikteam. Während die einen sich auf den Weg machten und an einzelnen Stationen abtauchten, konnten die, die lieber an ihrem Platz sitzenbleiben wollten, der Musik lauschen und in das eine oder andere Lied einstimmen. Die Stationen waren an Tischen mit Tüchern und Kerzen gestaltet. Darauf waren Denkanstöße verteilt, die meine Frau entwickelt hatte. Auch einzelne Stühle standen bereit für die, die länger an einer Station verweilen wollten, und für die, die nicht so lange stehen konnten.

Die Rückmeldungen zu der „StationenWegZeit" waren durchweg positiv. In großer Freiheit fanden alle ihren Ort, an dem sie sich wohlfühlten – sei es an einer Station oder an mehreren Stationen oder aber auch auf der Kirchenbank. Hilfreich ist es sicherlich, wenn einige, die vorher in die Gestaltung mit einbezogen waren, als erste aufstehen und losgehen. Das ermutigt dann die anderen. Offensichtlich hat diese Art von Gottesdienst sehr stark das Bedürfnis der Feiernden erreicht.

Station: Jesus, Stern der Hoffnung

„Er öffne euch die Augen des Herzens, damit ihr erkennt, was für eine Hoffnung Gott euch gegeben hat, als er euch berief, was für ein reiches und wunderbares Erbe er für die bereithält, die zu seinem heiligen Volk gehören, und mit was für einer überwältigend großen Kraft er unter uns, den Glaubenden, am Werk ist." (Epheser 1, 18 und 19a)

„Aber sei nur stille zu Gott, meine Seele; denn er ist meine Hoffnung." (Psalm 62,6)

Manchmal gibt es Phasen im Leben, da fehlt einem die Perspektive, der Glaube und die Hoffnung. Weihnachten zeigt uns immer wieder, dass Jesus als Stern der Hoffnung in die Welt kam. Sterne bringen Licht in die Dunkelheit.

An dieser Station kannst du
- Jesus bitten, mit seiner großen Kraft Sterne der Hoffnung in deine Lebenssituation zu stellen.
- zurückblicken, in welchen Momenten du im letzten Jahr Sterne der Hoffnung in dein Leben gestellt bekommen hast.
- einen Stern der Hoffnung als Symbol für deine Bitte oder für deinen Dank ablegen.

Material:
Tücher, Kerzen und ausgestanzte Sterne

Station: Ich bin die Tür.

„Ich bin die Tür. Wenn jemand durch mich eintritt, wird er gerettet werden. Er wird ein- und ausgehen und gute Weide finden." (Johannes 10,9)

Jesus verspricht, deine Tür zu sein.
- Nimm dir eine Karte und schreibe auf die Rückseite, welche Situationen im nächsten Jahr auf dich zukommen, wo du dir von Jesus wünschst, dass er dort Tür ist. Eine Tür, die sich öffnet, damit Neues möglich wird oder eine Tür, die sich schließt, damit du einen sicheren Raum hast.
- Wo ist Jesus dir Tür gewesen im letzten Jahr und in welchen Situationen bist du für andere eine Tür gewesen?

Du kannst das Bild mit der Tür gerne als Erinnerung mitnehmen.
Material:
Tücher, Kerzen, Bildkarten mit Türen ca. DIN A7 groß zum Mitnehmen

Station: Ich bin das Licht

„Ein anderes Mal, als Jesus zu den Leuten sprach, sagte er: »Ich bin das Licht der Welt. Wer mir nachfolgt, wird nicht mehr in der Finsternis umherirren, sondern wird das Licht des Lebens haben." (Johannes 8,12)

Jesus bringt Licht in unser Leben, in Beziehungen, in Situationen, in Entscheidungen, in Zweifel und in Fragen.
- In welchen Momenten war Jesus dir Licht im letzten Jahr?
- Wie wurde er dir zum Licht? (durch Worte, Erlebnisse, andere Menschen, Predigten ...)
- Für wen bist du im letzten Jahr Licht gewesen?
- Was hast du im letzten Jahr gelernt?

Du kannst dir gerne als Erinnerung ein Teelicht mitnehmen!
Material:
Tücher, Teelichter als Kreuz aufgestellt oder Herz, um die Teelichter ein Washi-Tape, nicht angezündet ... ➜

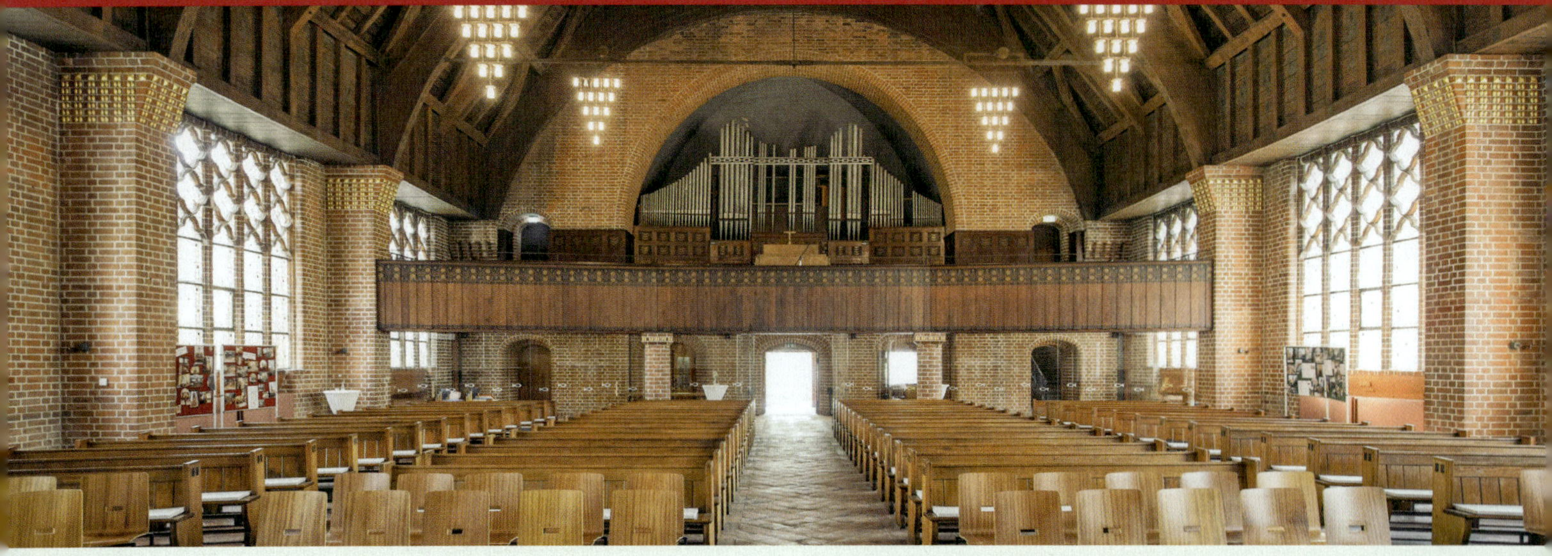

Station: Jesus, der Tränensammler

„Du zählst alle meine Klagen und sammelst alle meine Tränen in einem Gefäß, ja, du hast jede einzelne in deinem Buch festgehalten." (Psalm 56,9)

David klagt Gott seine Situation. David erlebt Angst und Ungewissheit. Andere Menschen verleumden ihn, sie suchen nach seinen Fehlern und lauern ihm auf. Gott sagt, David ist ein Mann nach meinem Herzen. Und dieser Mann nach dem Herzen Gottes weint und klagt vor Gott. Er weiß, dass Gott seine Tränen sammelt und zählt. Gott nimmt sich seiner Tränen an.

- Was hat dir im letzten Jahr die Tränen in die Augen getrieben? Nimm symbolisch für eine Träne einen dieser blauen Glassteine und lege ihn in den Krug. Gott weiß um deine Tränen. Er hat dich tröstend in seiner Hand.

Material:
Blaue Tücher, Krug, auf dem der Vers geklebt ist, zwei bis drei Gefäße mit blauen Glassteinen als Tränen oder Tränen aus Tonkarton ausschneiden, wenn man in den Krug ein Tuch legt, dann scheppert es nicht so.

Station: Ich bin der gute Hirte

„Ich bin der gute Hirte. Der gute Hirte lässt sein Leben für die Schafe. Ich bin der gute Hirte und kenne die Meinen und die Meinen kennen mich, wie mich mein Vater kennt; und ich kenne den Vater. Und ich lasse mein Leben für die Schafe. Meine Schafe hören meine Stimme, und ich kenne sie und sie folgen mir; und ich gebe ihnen das ewige Leben, und sie werden nimmermehr umkommen, und niemand wird sie aus meiner Hand reißen." (Johannes 10,11.14.15.27.28)

- Jesus ist dein Hirte. In welchen Momenten ist dir Jesus, der Hirte, im letzten Jahr durch andere Menschen, Erlebnisse, gute Worte begegnet?
- Welchen Menschen bist du letztes Jahr zum Hirten geworden und ihnen ist Jesus durch dich begegnet?

Gerne kannst du an dieser Station auch eines der ausgelegten Gebete im Stillen sprechen.

Jesus, du bist mein Hirte. Du segnest mich, ____, mit Sicherheit und Geborgenheit.
Du redest mit mir, Jesus, und ich lerne deine Stimme kennen und werde dich immer mehr hören können.
Du, Jesus, segnest mich, ____, mit allem, was ich jemals brauchen werde. Ich werde es aus deiner guten Hand empfangen.
Du, Jesus, führst mich zu grünen Wiesen und leitest mich zu stillen Wassern.
Ich, ____, habe in dir, dem guten Hirten, ein Zuhause des Friedens, der Geborgenheit und der Ruhe. Amen

Jesus, du bist mein Hirte. Du erneuerst jeden Tag meine Kräfte.
Ich,_____. überlasse dir meine Sorgen und ich werde erleben, dass du meine Lasten auf dich nimmst.
Jesus, du lässt deine Kraft durch mich strömen. Du erquickst meine Seele. Amen

Jesus, du bist mein Hirte. Ich, ____, überlasse mich deiner Führung und finde mit dir meinen Weg.
Heiliger Geist, du wirst mich auf Gottes Wegen leiten und mir den Weg der Wahrheit zeigen.
Ich brauche nicht allein durchs Leben zu gehen. Jesus, du birgst mit deinem Namen dafür, mich auf Wegen der Gerechtigkeit zu führen.
Jesus, du leitest mich auf Wegen der Gerechtigkeit um deines Namens Willen. Amen

Material:
Kerzen, Tücher, Biblische Erzählfiguren Hirte und Schafe, Gebete

Station: Jesus ist der Weg

Psalm 23 kannst du an dieser Station auf den Jahresweg schauen.

Material:
Stifte, kopierte Zettel mit Psalm 23 und einem Weg

Lutz Damerow ist Pastor der evangelischen Apostelgemeinde in Kiel.

Herr Neujahr

Heike Roesner

Hier ist der 12. Mitwisser. Heute musste ich aus der Stadt hinausfahren, mit der S-Bahn, es hat also Stunden gedauert, weil ich ständig hörte: „Dieser Zug endet hier." Und dann musste ich aussteigen. Und dann musste ich lange warten. Und dann bin ich wieder eingestiegen und eine Weile gefahren. Und dann kam wieder: „Dieser Zug endet hier." So war ich insgesamt 4 Stunden unterwegs und hatte viel Zeit zum Nachdenken. Also habe ich mir die Leute angeschaut und alles, was so passiert ist. Und dachte an das neue Jahr. Also auch für den 12. Mitwisser. Und deshalb habe ich heute in der S-Bahn beschlossen, dass er als Mitwisser noch einen Zusatztitel bekommt – nämlich „Herr Neujahr". Weil er irgendwie so aussieht.

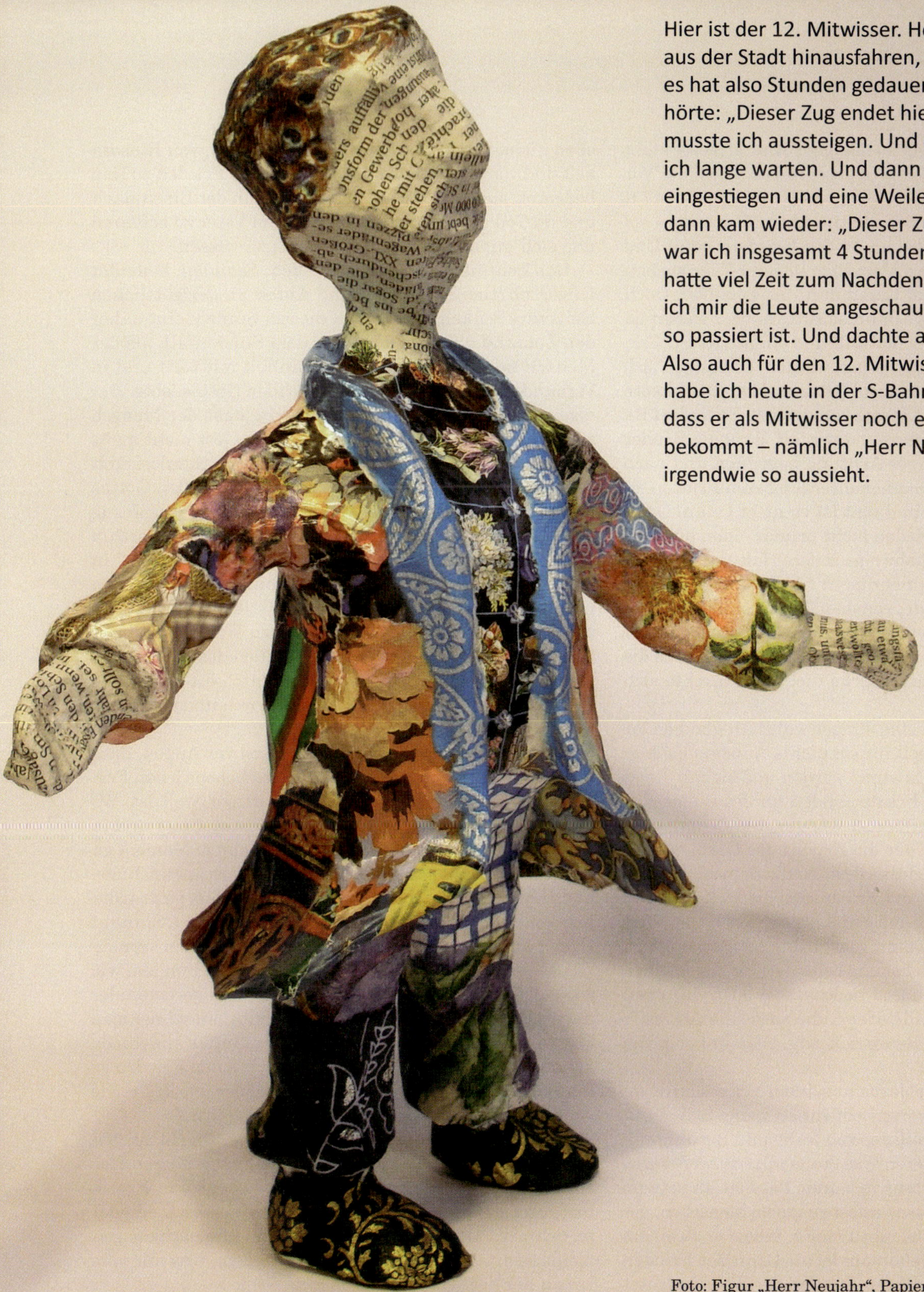

Foto: Figur „Herr Neujahr", Papiermaché, Heike Roesner/2011
31 cm hoch, 14 cm lang, 17 cm tief
http://roesnerei.blogspot.com/2010/12/herr-neujahr.html

Suche Frieden und jage ihm nach *(Psalm 34,15)*

Gedanken zur Jahreslosung 2019

Sr. Anke Schmidt CCR

PAX (Frieden) – über so mancher Klosterpforte steht dieses Wort in großen Lettern geschrieben. Nach der Vorstellung des heiligen Benedikt von Nursia (480–547 n. Chr.), dem Altvater des benediktinischen Mönchtums, sollen Klöster Orte der Ruhe und des Friedens sein. Und das ist es auch, was viele Menschen unserer Tage suchen, wenn sie in Klöster und Kommunitäten kommen. Doch, so legt es die diesjährige Jahreslosung nahe, Frieden ist nichts, was uns in den Schoß fällt und einfach da ist. Frieden muss gesucht, ja sogar erjagt werden. Es handelt sich beim Frieden also um etwas Dynamisches, was unsere Aktivität und unseren Einsatz voraussetzt. So fordert Benedikt in seiner Ordensregel dazu auf, dass die Brüder einander in gegenseitiger Achtung begegnen und nach einem Streit noch vor Sonnenuntergang zum Frieden zurückkehren. Doch allein damit ist es nicht getan. Denn für Benedikt meint Frieden nicht primär einen äußeren Zustand, sondern vielmehr eine innere Haltung, in die es im geistlichen Leben immer mehr hineinzuwachsen gilt. Gemeint ist jener Friede, von dem Jesus seinen Jüngern in den Abschiedsreden sagt: „Den Frieden lasse ich euch, meinen Frieden gebe ich euch. Nicht gebe ich euch wie die Welt gibt. Euer Herz erschrecke nicht und fürchte sich nicht." (Joh 14, 27)

Jesus möchte, dass seine Jünger wahrhaft glauben lernen, d.h., ihr Glaube soll für sie nichts Äußeres bleiben, sondern zur gelebten Existenz werden und sie mit Trost erfüllen. Glauben und Frieden bilden für Jesus eine Einheit. Beides gehört zueinander wie die zwei Seiten einer Medaille. Der Friede, der die Frucht des Glaubens ist, wird somit zum Vermächtnis Jesu an die Seinen. Aber, so sagt Jesus: Es ist nicht der Friede, den die Welt gibt, sondern SEIN Frieden, der anders ist als der Friede der Welt.

Das Wort *Frieden* kommt vom althochdeutschen Wort *fridu*, was so viel wie Schonung bedeutet. Im allgemeinen Sprachgebrauch bezeichnet Frieden daher auch einen heilsamen Zustand der Stille oder Ruhe sowie die Abwesenheit von Störung oder Beunruhigung, etwa in Form von Gewalt oder Krieg.

Doch darum geht es Jesus in seinem Vermächtnis an die Jünger nicht. Er verspricht ihnen keine Schonung, also keinen Frieden im Sinne von Ruhe und Beruhigung. Sein Friede ist ein anderer. Was Jesus mit *seinem Frieden* meint, erschließt sich uns in seiner Passion. In seinem Weg zum Kreuz wird Jesus selbst zu einem Menschen, der lernt, was wahrhafter Glauben meint, indem er zu einem Hörenden wird und Gehorsam lernt. Denn der Frieden Gottes, der anders ist als der Frieden der Welt, bedeutet eben nicht, von allem Leid, von Schmerzen, von Einsamkeit und vom Tod verschont zu bleiben. Im Frieden zu sein bedeutet, auch im Leiden, im Schmerz, in der Einsamkeit und im Tod die Verbundenheit mit dem Vater zu erfahren und sich mit dem Willen Gottes eins zu wissen.

Das hebräische Wort für Frieden, *Schalom*, bedeutet Unversehrtheit, Ganzheit und Anteil an der göttlichen Heilswirklichkeit. Frieden in diesem Sinne meint daher den Zustand des Menschen vor dem Sündenfall, als der Mensch noch in der absoluten Einheit mit Gott und in Verbundenheit mit sich und dem Willen Gottes lebte. Der eigentliche Sündenfall besteht darin, dass der Mensch sich seiner ureigentlichen Einheit mit Gott nicht mehr bewusst ist und dadurch in der Welt Angst, Sinnlosigkeit und Einsamkeit erfährt. Doch im Ja zum Willen Gottes verliert das Leiden seine Macht. Das ist es, was Jesus auf seinem Weg zum Kreuz lernt. Doch der Weg dorthin ist nicht zu denken ohne die Nacht in Gethsemane, in der er betet: „Vater, willst du, so nimm diesen Kelch von mir; doch nicht mein, sondern dein Wille geschehe!" (Lk 22,42) Dreimal betet Jesus mit diesen Worten, bevor er innerlich einwilligen kann in den Willen des Vaters. Der Weg zum Frieden führt also gerade durch die Angst, die Einsamkeit und die Verzweiflung hindurch und geht nicht an ihnen vorbei.

Jesu Passion führt uns exemplarisch vor Augen, dass wir gerade in Grenzsituationen unseres Lebens jenen Frieden erfahren können, der nicht von dieser Welt ist. Wo uns in tiefster Angst, in bodenloser Verzweiflung und in der absoluten Einsamkeit des Todes in einem Moment geschenkt wird, das scheinbar Unannehmbare anzunehmen und innerlich ganz Ja zu sagen, da kann uns ganz plötzlich ein viel größerer Trost und eine viel tiefere Sinnhaftigkeit aufgehen, als es unser Verstand zu fassen vermag. Wo wir innerlich von unseren eigenen Vorstellungen, wie wir selbst und das Leben sein sollten, was gerecht oder ungerecht ist, was sein darf oder nicht, Abstand nehmen können und das, was ist, als den Willen Gottes annehmen können, da kann es geschehen, dass wir jenen Frieden erfahren, der nicht von dieser Welt ist und der uns in Freude oder Leid als wahrhaft Glaubende leben lässt.

Wir müssen in unserem Leben das Kreuz nicht suchen. Es begegnet uns in so vielen kleineren und größeren Herausforderungen unseres alltäglichen Lebens – in Krankheit, im Leiden, in der Enttäuschung, im Abschied oder im Schmerz. Den Frieden zu suchen und ihm nachzujagen, meint somit vor allem, Ja zu sagen zu dem, was mir vom Leben her begegnet.

Pforte der Abtei Montecassino in Italien, dem Mutterkloster der Benediktiner Bildnachweis: Petra Müller

Kirche St. Michael auf dem Schwanberg Bildnachweis: Communität Casteller Ring

Schwester Anke Sophia Schmidt CCR ist Bildungsreferentin im Geistlichen Zentrum Schwanberg.

„Die Heiligen drei Könige“ in der Kirche Sant Apollinare Nuovo in Ravenna. Quelle: wikimedia.org

Wir haben seinen Stern gesehen

Eine Andacht zu Epiphanias

Petra Müller

„Wo ist der neugeborene König der Juden? Wir haben seinen Stern gesehen.“ (Mt 2,2) Erwartungsvoll, fragend und suchend halten die Weisen Ausschau nach dem Ziel ihrer Sehnsucht: „Wir sind gekommen, ihn anzubeten!“ (Mt 2,2)

Die Weisen haben einen Stern am Himmel wahrgenommen. Er weckt ihr Interesse, ihre Neugier. Sie wollen mehr über diesen Stern erfahren, denn sie kennen ihn nicht. Sie wollen ihr Wissen erweitern. Schließlich sind sie Naturwissenschaftler (griechisch: Magoi = Magier). Der Stern zieht sie magisch an. „Wir haben seinen Stern gesehen!“

(Evangelisches Gesangbuch 52,1)

Seine Erscheinung stößt auch auf Resonanz in ihrem Inneren. „Alles beginnt mit der Sehnsucht“, so Nelly Sachs. Die Gelehrten verspüren eine starke Sehnsucht in sich. Eine gewisse Unruhe wird in ihnen ausgelöst. Sie treibt sie an, Gewohntes zu verlassen, um zu finden, was sie zu suchen beginnen. Denn: „Wir haben seinen Stern gesehen!“

Wahrscheinlich war die Erscheinung des Sterns bis zu ihrem Lebensende die Entdeckung ihres Lebens – ein magischer Moment. Solche magischen Momente setzen oft eine unerwartete Entwicklung in Gang. Oft treffen sie uns ungeplant. Es sind Augen-Blicke, in denen wir von großer Offenheit und hellwach sind. Magische Momente berühren uns tief. In ihnen verbirgt sich so etwas wie der „Zauber des Lebens“.

Wie viele weise Männer und Frauen der Erscheinung gefolgt sind, wissen wir nicht. Die Legendenbildung hat drei Männer aus ihnen gemacht. Einen Jüngling, einen Mann in der Lebensmitte und einen Greis. Sie kommen von verschiedenen Kontinenten: Afrika, Asien und Europa. Und sie haben Namen und Gesichter bekommen: Caspar, Melchior und Balthasar heißen sie. Wer von ihnen wer ist und wer welche der Gaben dem neugeborenen König geschenkt hat, da gibt es in den Überlieferungen alle denkbaren Varianten. Bereits in den frühchristlichen Katakomben erzählen Wandbilder von diesen drei heiligen Königen.

Und so machen sie sich gemeinsam auf den Weg. Sie nehmen ihren Verstand und ihre Weisheit mit und haben mehr Fragen als Antworten im Gepäck. Ihre Sehnsucht treibt sie an, und ihre Füße schreiten auf dem Weg. Ein ganzheitliches Geschehen. Der Weg ist weit und sicherlich anstrengend. Sie gehen auch manchen Umweg und sie durchleben Durststrecken. Auf dem Weg diskutieren sie miteinander, ebenso gehen sie aber auch immer wieder schweigend nebeneinander her. Sie lernen einander kennen mit ihren Stärken und ihren Grenzen. Sie bestimmen immer wieder neu ihren Standort: Wo kommen wir her? Wo stehen wir? Wohin gehen wir? Sie sind Sehnende, aber auch Suchende. „Wo ist der neugeborene König?“ Sie geben unterwegs nicht auf, denn: „Wir haben seinen Stern gesehen!“

Der Stern leitet sie, sie gehen ihm nach und dann, plötzlich, sind sie am Ziel. Wie fühlt sich das an, am Ziel zu sein? „Sie wurden hocherfreut“ (Mt 2,10); wörtlich aus dem Griechischen übersetzt heißt es: Sie hatten leidenschaftlich große Freude. Sie sind ergriffen und voll staunender Demut. Am Ziel ihrer Träume verschenken sie sich und beten den neugeborenen König an. Sie tun ihre Schätze auf: Gold, Weihrauch und Myrrhe. Zeichen für das, was ihnen wertvoll und kostbar ist (Gold), was ihnen zu schaffen macht und Schmerzen bereitet (Myrrhe), aber auch für das, was sie hoffen lässt (Weihrauch).

Erfüllt treten sie den Rückweg an. Wieder einmal sind sie „hellwach“, wie damals, als sie den Stern gesehen haben. Denn im Traum nehmen sie deutlich den Hinweis wahr, dass sie Herodes auf jeden Fall umgehen müssen. So gehen sie wieder dahin zurück, woher sie gekommen sind. Doch sie nehmen einen anderen Weg. Sie kehren anders zurück: innerlich gewandelt. Die Sehnsucht, die sie hat aufbrechen lassen, nun hat sie Erfüllung gefunden. Nach langer Reise kommen sie wieder zu Hause an, voller Hoffnung, denn der neugeborene König hat ihnen und der Welt eine neue Zukunft aufgeschlossen.

Magische Momente verlieren auch nach Jahren nicht ihre Kraft. Sie bleiben in tiefer Erinnerung. Noch oft werden die Weisen sich daran erinnert haben, wie sie damals vor vielen Jahren seinen Stern gesehen haben.

Welchen Stern haben Sie gesehen? Welchen „magischen Moment“ gibt es in Ihrem Leben?

Ich könnte von meinem Stern erzählen … – erschienen in meiner Sabbatzeit auf der Nordseeinsel Borkum … – damals, an einem Vormittag im Oktober … – in einem Gespräch mit meinem therapeutischen Begleiter, der diesen „magischen Moment“ in mir ausgelöst hat … – auch ich bin wieder heimgekehrt an den Ort, von dem aus ich drei Monate zuvor aufgebrochen war … – obwohl sich im Außen nichts verändert hat, ist trotzdem alles irgendwie anders, seit mir dieser Stern erschienen ist … – gewandelt … – hoffnungsvoll… – froh und dankbar … – wunderbar … – kaum zu glauben; noch immer, auch nach Jahren …

Johann Sebastian Bach vertont in der 5. Kantate des Weihnachtsoratoriums dieses Geschehen: „Wo, wo, wo ist der neugeborne König der Juden? Wo, wo, wo, wo? (…) Wir haben seinen Stern gesehen im Morgenlande und sind kommen ihn anzubeten!“ Die geistliche Deutung folgt im anschließenden Alt-Rezitativ: „Wohl euch, die ihr dies Licht gesehen, es ist zu eurem Heil geschehen! Mein Heiland, du, du bist das Licht!“

Wir haben seinen Stern gesehen! Es ist zu unsrem Heil geschehen!

Liedrechte von „Wisst ihr noch, wie es geschehen“
Text: Hermann Claudius
Melodie: Christian Lahusen

Petra Müller ist Diplompädagogin für Erwachsenenbildung und Theologie und arbeitet als Referentin in der Fachstelle Alter der Nordkirche im Hauptbereich Frauen und Männer, Jugend und Alter. Sie ist Redakteurin der Praxis Gemeindepädagogik.

Lichtmess

Einladung zum Bilanz ziehen

Christine Ursel

Wie lange haben Sie Ihren Christbaum stehen? Überlebt er Silvester oder werden die Glaskugeln gleich nach den Feiertagen wieder in die Kisten verpackt und auf den Dachboden verräumt bis zum nächsten Jahr? Oder hat er eine Chance, Epiphanias noch zu erleben? Oder gehören Sie zu denen, die den Christbaum gar nicht lange genug im Zimmer haben können? Auf jeden Fall bis zum 02. Februar – Lichtmess?

Lichtmess bezieht sich auf die Darstellung des Herrn im Tempel, verbunden mit dem Reinigungsritus der Frau nach der Geburt (Mariä Reinigung, Mariä Lichtmess) und dem Ritus der Heiligung der Erstgeburt. In der katholischen Kirche gibt es an dem Tag eine Kerzenweihe mit einer Prozession.

Im Brauchtum haben sich im Kirchenjahreszyklus auch ganz weltliche Daten festgemacht. „An Lichtmess können die Herrn im Licht ess´" – die Tage werden merklich länger, das Licht nimmt deutlich wahrnehmbar zu.

Es ist der entscheidende Tag im Jahr für Knechte und Mägde gewesen: Gestellungen wurden jeweils für ein Jahr von Lichtmess zu Lichtmess gewährt. Entweder der Vertrag wurde verlängert oder Knechte und Mägde wurden – ausgestattet und gut versorgt u.a. mit einer neuen Garnitur Schuhe – freigestellt, um sich zu Beginn des neuen Bauernjahres als Gesinde woanders verdingen zu können. In Bayern war der 2.2. bis 1912 ein gesetzlicher Feiertag.

Vertragsverlängerung oder Ablöse kennen wir heute im Extrem bei Spitzensportlern im Fußball und deren Trainern. Vielleicht sind sie ein Beispiel für heutige „Knechte und Mägde", die als Saisonarbeiter von einem Verein zum nächsten ziehen – auch wenn sich diese bei diesen zum Teil irrealen Summen an „Lohn" vielleicht gar nicht so sehen mögen.

Für viele gerade junge Menschen ist ein Denken und Handeln in kurzen Zyklen zur Selbstverständlichkeit geworden: Sie hangeln sich vom Praktikum zur Projektstelle, von einer Befristung zur nächsten. Sie bräuchten mehr Verlässlichkeit und Planungssicherheit. Da wäre ein Jahresvertrag für manche schon Luxus. Sich dieser Diskrepanz in der Lebenssituation (auch im Vergleich zu unseren in der Regel sehr komfortablen und stabilen Arbeitsverträgen) bewusst zu sein, dazu fordert uns Lichtmess auch auf.

Mal einen Stichtag zum Bilanzziehen zu haben, ist eine Einladung, zu schauen, ob alles noch so stimmt oder ob für die neue Saison Veränderungen anstehen. Und das mal nicht an Silvester, sondern an Lichtmess, „wenn´s wieder nauswärts geht". Vielleicht wäre das auch mal eine Idee für eine Gemeindeveranstaltung, ein Thema in einem Gesprächskreis, für eine Klausur von Verantwortlichen, für einen kollegialen Austausch?

So ein 40-Tage Festzeitraum bietet die Chance, ausgiebig zu feiern: Wenn Advent erst im Dezember beginnt und Weihnachten mit dem Heiligen Abend, dann kann der Christbaum gut und gerne vom 24.12. bis Anfang Februar stehen. Die weihnachtliche Freudenzeit wird ausgeschöpft und lädt ein, ein wenig Weihnachtsglanz auch in die Januartage hinein strahlen zu lassen.

Lichtmess-Fragen:

- Wenn ich dem vergangenen Jahr eine Überschrift geben sollte oder einen Filmtitel, wie würde diese/r lauten?
- Welche lichten Momente haben mir gut getan und haben dunkle Stunden erleuchtet?
- Womit und wodurch kann ich für andere lichtvoll sein?
- Welche Menschen unterstützen mich in meinen Anliegen und Vorhaben? Wie kann ich ihnen danken? Was könnte ich innerhalb der nächsten 72 Stunden dafür konkret tun?
- Worauf könnte ich gut und gerne verzichten? Was wäre der nächste kleine Schritt darauf hin, den ich innerhalb von 72 Stunden umsetzen kann?
- Wo erlebe ich mich eher als „Knecht“ oder „Magd“ und wo erlebe ich mich frei und autonom?
- Welchen „Vertrag“ möchte ich gerne für ein weiteres Jahr verlängern?
- Wie kann ich die Arbeitsbedingungen für andere und für mich positiv mitgestalten?
- Was möchte ich im neuen (Arbeits-)Jahr ernten? Was müsste ich dafür säen?
- Welche Idee ist reif, um sie anderen zu präsentieren und damit öffentlich zu machen?
- Welches neue Projekt möchte ich angehen? Wen hole ich mir dazu?
- Welches „Werkzeug“ brauche ich, um das voranzubringen?
- Welchen Menschen möchte ich näher kennen lernen? Was kann ich dafür tun?
- Was gibt mir Halt?
- Welchen Filmtitel würde ich mir als Überschrift für die neue „Saison“ wünschen?

Veranstaltungshinweis

„Eisbrecher: Licht & Salz!
Winterpilgern auf dem Jakobsweg von Salzburg nach Traunstein“

Pilgern mitten im Winter – geht das? Freilich, man muss sich nur wärmer anziehen. Aber Kälte, Schnee und klare Luft helfen, manche Lebensthemen deutlicher zu sehen. Vielleicht bringt Mariä Lichtmess Licht ins Dunkel? Zwischen Salzburg, Bad Reichenhall und Traunstein wird ihnen das Thema „Salz“ in unterschiedlichen Facetten begegnen: Was bringt die Würze in unser Leben?

Begleitung: Pfarrerin Simone Hahn, Michael Kaminski – Dipl. Rel.päd., Studienleiter Evangelische Stadtakademie München, Pilgerbegleiter

Ort: Voralpiner Jakobsweg (ca. 56 km)
Pilgergerechte Unterbringung in Mehrbettzimmern in Gasthaus/Familienherberge, Gepäck wird selbst getragen
Zeit: Freitag, 1.2.2019 (früh morgens) bis Sonntag, 3.2.2019 (abends)
Kosten: 195 € / 160 € inklusive Übernachtung, Frühstück, Kursgebühr und Bahnfahrt nach Salzburg
Max. 14 Teilnehmende, Anmeldung bis 18.1.2019

Veranstalter: spirituelles zentrum im eckstein, Nürnberg
www.spirituelles-zentrum-im-eckstein.de

Christine Ursel ist Redaktionsmitglied der PGP und arbeitet als Fortbildungsreferentin im Diakonischen Werk Bayern – Diakonie. Kolleg.

Internationale Zitate zum Thema Hoffnung

Christine Ursel

<u>Bastelanleitung:</u> Blatt ausdrucken und laminieren, Kärtchen ausschneiden; ein Blatt ergibt ein Set mit 24 verschiedenen Zitaten.

<u>Spielanleitung:</u> Ein Hoffnungskärtchen für den Tag ziehen. Welches Lebensgefühl steht dahinter? Wozu lädt die Karte mich ein? Für wen würde sie passen?
In Gruppen: Kärtchen ziehen und darüber austauschen. Kenne ich eine Erfahrung, die dazu passt? Was sagt das über das jeweilige Land?

Zitate zum Thema **HOFFNUNG** **aus aller Welt**	Bau Hoffnung an mit Gebet und Fleiß, säst drein Geduld, bringt´s Ehrenpreis. Deutsches Sprichwort	Erhoffe das Beste und sei gefasst auf das Schlimmste. Deutsches Sprichwort	Hoffnung ist die beste Musik für den Kummer. Deutsches Sprichwort	Mit Harren und Hoffen hat´s mancher getroffen. Deutsches Sprichwort
Wer von der Hoffnung lebt, tanzt ohne Musik. Deutsches Sprichwort	Wenn du glaubst, es geht nicht mehr, kommt von irgendwo ein Lichtlein her. Deutsches Sprichwort	Hoffnung ist wie Zucker im Kaffee: Auch wenn sie klein ist, versüßt sie alles. Aus China	Die Hölle ist warten ohne Hoffnung. Aus China	Auch durch ein Nadelöhr kann man den Himmel sehen. Aus Japan
Hoffen ist oft besser als Finden. Aus Abessinien	Ebbe folgt nicht auf Ebbe. Dazwischen ist die Flut. Aus Afrika	Wer den Kopf nicht hebt, kann die Sterne nicht sehen. Aus Armenien	Wenn die Hoffnung aufwacht, legt sich die Verzweiflung schlafen. Von den Malaien	Auch der dunkelste Brunnen spiegelt das Licht der Sterne. Aus Bulgarien
Es geht nie so gut, dass man keine Furcht und nie so schlecht, dass man keine Hoffnung haben sollte. Aus Dänemark	Wir haben keine Kinder, aber haben Namen für sie alle. Aus Italien	Hoffnung und Mut sind zwei helle Diamanten in der Krone des Erfolgs. Aus Indien	Eine lange Hoffnung ist süßer als eine kurze Überraschung. Aus Ungarn	Das kommende Jahr ist ein guter Kerl. Aus Frankreich
Wer noch einen Wurf übrig hat, hat noch nicht alles verloren. Aus Frankreich	Es ist besser voller Hoffnung zu reisen, als anzukommen. Aus den USA	Die Angst hinkt, der Verstand geht, die Hoffnung fliegt. Aus Portugal	Wer die Hoffnung vor seinen Wagen spannt, fährt doppelt so schnell. Aus Polen	Hoffnung ist halbes Glück. Aus der Türkei

Neu im Kirchenjahr – das stabile Ende der Weihnachtszeit

Martin Evang

Ostern und Weihnachten sind die Hauptfeste des Kirchenjahres. Ostern ist das geschichtlich ältere und theologisch gewichtigere, Weihnachten das volkstümlichere Fest. Zur besonderen Popularität von Weihnachten trägt vielleicht auch bei, dass es immer auf dasselbe Datum fällt: auf den 25. Dezember mit Heiligabend als Ouvertüre – wenige Tage nach der Wintersonnenwende. Dagegen kann Ostern auf einen der 35 Tage vom 22. März bis zum 25. April fallen, nämlich immer auf den Sonntag, der dem ersten Vollmond nach der Tag- und Nachtgleiche im Frühjahr folgt. Da aber Ostern und Weihnachten die sie umgebenden Zeiten prägen, kommt es zweimal im Jahr zu einem Übergang, der geregelt werden muss: Wie kommen wir von der weihnachtlich bestimmten Zeit in die österlich bestimmte Zeit – und umgekehrt?

An den Übergängen sind Pufferzeiten vorgesehen. Der Übergang von der Kirchenjahreszeit nach Trinitatis, die noch vom Ostertermin abhängt, zur Adventszeit, die zu Weihnachten gehört, ist durch die neue Ordnung gottesdienstlicher Texte und Lieder nicht verändert worden: Die Nach-Trinitatis-Zeit endet weiterhin stabil mit den drei letzten Sonntagen des Kirchenjahres (Drittletzter, Vorletzter und Letzter), aber davor liegt eine Pufferzeit: Bis zu fünf Sonntage nach Trinitatis (24., 23., 22., 21., 20.) können ausfallen – desto mehr, je später Ostern liegt. Der 20. Sonntag nach Trinitatis entfällt erst wieder im Jahr 2038, wenn Ostern auf den 25. April, den spätestmöglichen Termin, fällt.

Dagegen hat die Ordnung gottesdienstlicher Texte und Lieder beim Übergang von der weihnachtlich bestimmten Zeit zur von Ostern bestimmten Zeit eine Veränderung gebracht. Hier lag die Pufferzeit bisher zwischen Epiphanias, dem Erscheinungsfest (6. Januar), und dem Letzten Sonntag nach Epiphanias. Je früher Ostern lag, desto mehr Sonntage nach Epiphanias fielen weg (5., 4., 3., 2., 1. Sonntag nach Epiphanias); bei sehr frühem Ostertermin konnte auf Epiphanias sofort der Letzte Sonntag nach Epiphanias folgen; das war zuletzt im Jahr 2008 der Fall (Ostern am 23. März).

Nach der neuen Regelung endet die Weihnachtszeit mit dem Samstag der Woche, in die der 2. Februar, der Tag der Darstellung Jesu im Tempel (Lichtmess; vgl. Lk 2,22-39) fällt. Vor Lichtmess liegen der 1., 2., 3. und – dieser ggf. auf Lichtmess selbst – der Letzte Sonntag nach Epiphanias. Nur in den Jahren, in denen wie 2019 Epiphanias selbst auf einen Sonntag fällt, entfällt der 3. Sonntag nach Epiphanias – denn sonst käme der Letzte Sonntag nach Epiphanias erst nach Lichtmess, also außerhalb der Weihnachtszeit, zu liegen.

Die neue Pufferzeit bilden jetzt die Sonntage vor der Passionszeit. Je früher der Ostertermin liegt, desto mehr dieser Sonntage entfallen: 5., 4., 3. (= Septuagesimä) und 2. (= Sexagesimä) Sonntag vor der Passionszeit. Theoretisch könnte auch der 1. Sonntag vor der Passionszeit (= Estomihi) entfallen – aber das wird erstmals im Jahr 2285 der Fall sein, wenn Ostern auf den frühestmöglichen Termin, den 22. März, fällt.

Die Weihnachtszeit soll durch das nun eingeführte stabile Ende gestärkt werden. Bis Lichtmess können die Weihnachtsbäume und die Herrnhuter Sterne in Kirchen und Häusern ihr Weihnachtslicht leuchten lassen – mit Simeons Worten: „ein Licht zur Erleuchtung der Heiden und zum Preis deines Volkes Israel" (Lk 2,32). Dazu passt die liturgische Farbe der Weihnachtszeit, die nun auch von Heiligabend bis zum Letzten Sonntag nach Epiphanias bzw. bis Lichtmess durchgehend Weiß ist.

Dr. Martin Evang ist Oberkirchenrat im Referat Theologie und Gottesdienst UEK im Kirchenamt der Evangelischen Kirche in Deutschland (EKD).

IMPRESSUM

PRAXIS GEMEINDEPÄDAGOGIK (PGP)

ehemals »Christenlehre/Religionsunterricht–PRAXIS«
ehemals »Die Christenlehre«

71. Jahrgang 2018, Heft 4

Herausgeber:
Amt für kirchliche Dienste in der Evangelischen Kirche Berlin-Brandenburg-schlesische Oberlausitz
Pädagogisch-Theologisches Institut der Nordkirche
Theologisch-Pädagogisches Institut der Evangelisch-Lutherischen Landeskirche Sachsens
Pädagogisch-Theologisches Institut der Evangelischen Kirche in Mitteldeutschland und der Evangelischen Landeskirche Anhalts

Anschrift der Redaktion:
Dr. Lars Charbonnier, c/o Evangelische Verlagsanstalt GmbH, »PGP-Redaktion«, Blumenstraße 76, 04155 Leipzig,
E-Mail ‹redaktion@praxis-gemeindepaedagogik.de›

Redaktionskreis:
Dr. Lars Charbonnier, Führungsakademie für Kirche und Diakonie, Haus der EKD, Charlottenstraße 53/54,10117 Berlin
Uwe Hahn, Theologisch-Pädagogisches Institut Sachsen, Bahnhofstraße 9, 04168 Moritzburg
Petra Müller, Fachstelle Alter der Ev.-Luth. Kirche in Norddeutschland, Gartenstraße 20, 24103 Kiel
Dorothee Schneider, PTI der Ev. Kirche in Mitteldeutschland und der Landeskirche Anhalts, Zinzendorfplatz 3, 99192 Neudietendorf
Jeremias Treu, Theologisch-Pädagogisches Institut Sachsen, Bahnhofstraße 9, 04168 Moritzburg
Christine Ursel, Diakonisches Werk Bayern – Diakonie.Kolleg., Pirckheimerstraße 6, 90408 Nürnberg
Redaktionsassistenz: Sina Dietl, Evangelische Verlagsanstalt GmbH

Verlag: EVANGELISCHE VERLAGSANSTALT GmbH, Blumenstraße 76, 04155 Leipzig, www.eva-leipzig.de
Geschäftsführung: Sebastian Knöfel

Gestaltung/Satz: Kai-Michael Gustmann/Zacharias Bähring, Evangelisches Medienhaus GmbH

Druck: Druckerei Böhlau, Ranftsche Gasse 14, 04103 Leipzig

Anzeigen: Rainer Ott · Media | Buch- und Werbeservice, PF 1224, 76758 Rülzheim, Tel. (0 72 72) 91 93 19, Fax (0 72 72) 91 93 20, E-Mail ‹ott@ottmedia.com›
Es gilt die Anzeigenpreisliste Nr. 11 vom 1.1.2012

Abo-Service: Christine Herrmann, Evangelisches Medienhaus GmbH, Telefon (03 41) 7 11 41 22, Fax (03 41) 7 11 41 50, E-Mail ‹herrmann@emh-leipzig.de›

Zahlung mit Bankeinzug: Ein erteiltes Lastschriftmandat (früher Einzugsermächtigung genannt) bewirkt, dass der fällige Abo-Beitrag jeweils im ersten Monat des Berechnungszeitraums, in der letzten Woche, von Ihrem Bankkonto abgebucht wird. Deshalb bitte jede Änderung Ihrer Bankverbindung dem Abo-Service mitteilen. Die Gläubiger-Identifikationsnummer im Abbuchungstext auf dem Kontoauszug zeigt, wer abbucht – hier das Evangelische Medienhaus GmbH als Abo Service der PRAXIS GEMEINDEPÄDAGOGIK.
Gläubiger-Identifikationsnummer: DE03EMH00000022516

Bezugsbedingungen: Erscheinungsweise viermal jährlich, jeweils im ersten Monat des Quartals. Das Jahresabonnement umfasst die Lieferung von vier Heften sowie den Zugriff für den Download der kompletten Hefte ab 01/2005. Das Abonnement verlängert sich um ein Kalenderjahr, wenn bis 1. Dezember des Vorjahres keine Abbestellung vorliegt.

! Bitte Abo-Anschrift prüfen und jede Änderung dem Abo-Service mitteilen. Die Post sendet Zeitschriften nicht nach.

ISSN 1860-6946
ISBN 978-3-374-05714-6

Preise:
Jahresabonnement* (inkl. Zustellung):
Privat: Inland € 40,00 (inkl. MwSt.), Ausland € 50,00 (exkl. MwSt.);
Institutionen: Inland € 48,00 (inkl. MwSt.), Ausland € 58,00 (exkl. MwSt.);
Rabatte – gegen jährlichen Nachweis: Studenten 35 Prozent; Vikare 20 Prozent;
Einzelheft (zuzüglich Zustellung): € 14,00 (inkl. MwSt.)
* Stand 01.01.2018, Preisänderungen vorbehalten

Unsere nächste PGP-Ausgabe erscheint im Februar 2019.

Buchtipps für die gemeindliche Praxis

Petra Müller

Krippenspiele sind vielerorts in den Gemeinden an Heiligabend nicht wegzudenken. Darüber hinaus wird die Weihnachtsbotschaft gerne auch bei anderen Anlässen im szenischen Spiel dargestellt: bei Weihnachtsfeiern, Adventsnachmittagen und in Schule und Kita. Zehn **„Biblische Krippenspiele für Gemeinde, Kindergarten und Schule“** hat die Pastoralreferentin und Gestaltpädagogin **Annette Gawaz** veröffentlicht. Das Buch bietet ein buntes Angebot an erprobten Krippenspielen, um die biblische Botschaft mit verschiedenen Methoden und aus unterschiedlicher Perspektive zu erzählen. Hinführungen und die praxisnahe Gestaltung ermöglichen eine einfache Vorbereitung und Durchführung. Die Krippenspiele stehen im Internet zum Download bereit. Der entsprechende Link ist im Buch angegeben.

Schwabenverlag, Ostfildern 2016, 128 Seiten
kartoniert, ISBN 978-3-7966-1710-2, 16,95 €

Rorateandachten, -feiern und -gottesdienste haben in katholischen Gemeinden eine lange Tradition und große Anziehungskraft. Im frühmorgendlichen Dunkel des Advent, noch vor Schul- und Arbeitsbeginn, kommt man in einer stimmungsvoll erleuchteten Kirche zum Singen und Hören, Beten und Feiern zusammen. Im Anschluss bleibt man gewöhnlich im Gemeindezentrum noch zum gemeinsamen Frühstück zusammen, bevor man an sein Tagwerk geht. Roratefeiern können auch am Abend stattfinden und mit einer Lichtfeier beginnen. **Guido Fuchs** hat als Herausgeber des Buches **„Rorate“** 36 Modelle für Roratefeiern im Advent zusammengestellt, die von Mitarbeitenden der Zeitschrift Liturgie konkret erarbeitet wurden. Rorateandachten sind ein wunderbarer Anlass für eine ökumenische Zusammenarbeit, die sehr befruchtend sein kann.

Verlag Friedrich Pustet, Regensburg 2010, 208 Seiten
kartoniert, ISBN 978-3-7917-2277-1, 16,95 €

Der Bildband **„PS. – Die Psalmen in Bildern“** bietet einen ganz eigenen Zugang zu den Texten der Psalmen. Jede Doppelseite transportiert einen der 150 Psalmen mit großformatigen Farbmotiven in unsere Zeit. Nur ein einziger Vers aus dem jeweiligen Psalm steht dem Farbbild gegenüber. Die Herausgeber **Marco Boers** und **Peter van Dijk** möchten die Betrachter inspirieren, sich den Psalmen Stück für Stück zu nähern und ihnen zu begegnen. Zuerst fragt man sich: Wie wirkt das Bild auf mich und welche Verbindung kann es zwischen Bild und Text geben? Warum hat man gerade dieses Bild ausgesucht? Dann liest man den ganzen Psalm in der Bibel nach. Unter dem Eindruck des Gelesenen lässt man das Bild noch einmal neu auf sich wirken. Der Bildband kann aufgeschlagen auf dem Tisch liegen bleiben. Am kommenden Tag verfährt man in gleicher Weise mit dem nächsten Psalm. 150 Tage lang. Und dann wieder von vorne … Der Bildband eignet sich zur eigenen Betrachtung zu Hause, als bibliophiles Geschenk, besonders aber ist er auch zum Auslegen in offenen Kirchen geeignet – dort gerne auch mit einem Hinweis zur Betrachtung.

adeo Verlag, Asslar 2018, 304 Seiten
broschiert, Format 21,0 × 29,7 cm, durchgehend farbig, mit Lesebändchen,
ISBN 978-3-86334-207-4, 30,00 €

„Abwarten und Tee trinken“, „Einen alten Baum verpflanzt man nicht“ oder „Das Leben ist kein Wunschkonzert“ – wir alle kennen und gebrauchen solche Sprichwörter und Redewendungen. Sie gehören zu unserem Sprachschatz und Alltag. Die VELKD hat dazu ein Booklet im DIN A5 Längsformat mit dem Titel **„Von frühen Vögeln und alten Bäumen** – Seelsorgerliche Miniaturen zu Sprichwörtern und Redewendungen“ herausgegeben. Die Autorinnen und Autoren des Seelsorgeausschusses haben fast 50 solcher Redewendungen zusammengetragen. In sehr kurzen, „erfahrungsgesättigten“ Texten haben sie die Ambivalenzen und Lebenseinstellungen hinterfragt, die in solchen Redeweisen stecken. Die Autorinnen und Autoren hatten das Ziel, manche Selbstverständlichkeit des Sprichwortes zu hinterfragen und gegebenenfalls mit einer heilsamen Störung aufzuwarten. Die Texte kann man sehr gut in eine Andacht einbauen und sie eignen sich, miteinander ins Gespräch zu kommen. Auch eine schöne Geschenkidee für Mitarbeitende.

VELKD, Hannover 2018, 72 Seiten
broschiert, ISBN 978-3-943201-22-1, Schutzgebühr 3,00 €
zu beziehen über die VELKD, versand@velkd.de
auch als Download verfügbar unter www.velkd.de

Renate Wind:

Christsein im Imperium

Jesusnachfolge als Vision einer anderen Welt, Gütersloh: Gütersloher Verlagshaus 2016, 210 S., hardcover, ISBN: 978-3-579-08538-8, EUR 19,99

Renate Wind, bekannt durch ihre großartige Bonhoeffer-Biografie, beschreibt in diesem Buch die Geschichte des Urchristentums auf eine Weise, dass das damals Neue auch für heute inspirierende Wirkung entfaltet. Hoffnungsgeschichte will sie beschreiben, die sich wesentlich aus den biblischen Hoffnungserzählungen speist. Wind schreibt in einem selbstbewussten, aufklärerischen Impetus. Ihr Ziel ist es, diese alten Hoffnungstexte in ihrem Produktionskontext wieder zum Leuchten zu bringen, denn, so Wind: „Die Geschichte einer Kirche, die schließlich selbst zum Machtapparat der Imperien gehörte, und eine Kirchenlehre, die aus der Diskussion alternativer Lebens- und Widerstandsmöglichkeiten ein abstraktes Lehrsystem machte, hat den subversiven Charakter der Texte lange Zeit unkenntlich gemacht.“ (7) Ob es allein die Reformation war, wie Wind weiter erörtert, die diese Neuentdeckung erst ermöglicht hat, ist mindestens fraglich. Manche Richtung der Lektüre und Beschäftigung mit den biblischen Schriften in ihren Kontexten ist nicht immer die von den Fakten zu den Interpretationen, aber das stört in diesem Fall wenig, weil das Buch die Absicht hat, Hoffnungsgeschichte zu schreiben und Jesusnachfolge als Vision einer anderen Welt für heute und morgen zu erschließen.

19 Kapitel umfasst das Werk, die wesentliche Fragen des urchristlichen Kontexts aufnehmen und je unterschiedlich bezogen erörtern. Um Macht und Anpassung, Herrschaftskritik und eschatologische Erlöserbilder geht es ebenso wie um die Frage nach dem Glück, den wesentlichen, das Kirchenjahr prägenden Festen, aber auch um Abendmahl und Geschlechterverhältnisse. Das Buch endet mit einem Kapitel über Umkehr, Nachfolge und Gnade, es ist überschrieben mit dem berühmten Lied „Amazing grace“. Wahrnehmungssensibel erläutert Wind hier die Ambivalenz der Rede von der Gnade, um sich selbst abzugrenzen von einer Theologie, die erst die Sünde groß machen muss, um dann die Gnade groß machen zu können. Der mit dem Gnadenruf verbundene Ruf zu Umkehr und Nachfolge setzt für die Autorin einen anderen Akzent: „das Vertrauen in die Fähigkeit der Menschen umzukehren, sich selbst zu ändern und die Welt neu zu gestalten“. Jedes andere Gnadenverständnis läuft für sie in die Falle, ein „Beruhigungsmittel“ zu werden: „für die einen, dass sie die Welt nicht ändern müssen, für die anderen, dass sie die Welt nicht ändern dürfen.“ (186) Es ist, so endet Wind, die „Hoffnung auf diese verändernde Gnade“, die das Christentum im Innersten ausmacht.

Steffen Schramm /Lothar Hoffmann:

Gemeinde geht weiter

Theorie- und Praxisimpulse für kirchliche Leitungskräfte, Stuttgart: Kohlhammer 2017, 148 S., paperback, ISBN: 978-3-17-032508-1, EUR 13,99

Ein Superintendent sagte in einer Runde zur Zukunft der Kirche einmal: „Ich habe keine Lust mehr, den Gemeinden beim Sterben zuzusehen.“ Seine Hoffnung liegt auf anderen Sozialformen kirchlicher Existenz. Dass es auch Hoffnung für die Gemeinde gibt – sogar für die Ortsgemeinde, daran glaubt dieses Buch: Gemeinde geht weiter! Allerdings nicht von allein, und darin liegt der Grund für die Verfasser, dieses Buch zu schreiben: Sie wollen die nötigen Veränderungen anregen und bestärken, die es aus Ihrer Sicht braucht, um die beiden großen Kirchen in unserer Gesellschaft für die Zukunft besser aufzustellen und damit auch Gemeinden eine Zukunft zu ermöglichen. Sie setzen dazu auf der Ebene der Leitung an und richten sich mit ihrem Werk an haupt- und ehrenamtliche Leitungskräfte auf im Prinzip allen Ebenen kirchlichen Organisierens. Herausgekommen ist ein wirklich empfehlenswertes Buch, das leicht zu lesen ist und zur Umsetzung anregt.

Freilich wird auch hier schon im ersten Kapitel klar: Die Zukunft liegt in neuen Gestalten kirchlichen Lebens. Und was das bedeutet, beschreiben die Autoren klar und nachvollziehbar: Ausgehend von der Einsicht, dass sich Kirche immer schon wandelt und dass die heutigen Verhältnisse und erst recht die zukünftigen Wandel verlangen, präferieren einen dreifachen Kirchenbegriff, der neben der Glaubens- und Handlungsgemeinschaft die Rechtsgemeinschaft stellt, um die organisationale Dimension von Kirche, die stets variabel ist, zu stärken. So wird es nach Meinung der Autoren möglich, die veränderten Bedingungen anzunehmen und Kirche vor diesem Hintergrund als Netzwerkorganisation zu gestalten. Inhaltlich führt das in ihrer Denke zu einer „Kirche mit Menschen“ und nicht mehr zu „kirchlichen Angeboten“, von „Profilen“ rückt der Fokus auf „Relevanz“. Und damit von der Fokussierung auf den status quo auf die Ermöglichung und Gestaltung von Zukunft.

Ein zweiter Teil gibt Anleitung, wie in sieben Schritten ein solches neues Konzept kirchlichen Lebens erarbeitet werden kann: Die Überschriften sind ebenso klar wie fast selbsterklärend: 1. Auftrag annehmen, 2. Lebenswelt wahrnehmen, 3. Aufgaben erkennen, 4. Leitbild entwickeln, 5. Konzepte ausarbeiten, Veränderungen schrittweise gestalten, 7. Öffentlich machen. Natürlich fehlen auch einige Anmerkungen zum Controlling nicht. Und besonders schön: Arbeitsblätter und Tabellen sowie zusätzliche Materialien des Buches stehen im Internet zur Verfügung! Ich hoffe, das Buch findet viele begeisterte Anwenderinnen und Anwender!

Vorschau 1/2019

- „Gemeinde“ und „Pädagogik“ – von der Zukunft her denken
- Zukunftsbilder angehender Gemeindepädagogen
- Berufsbiographische Entwicklung
- Wie lernt man Reflektieren?

Bernhard Grümme: **Heterogenität in der Religionspädagogik**
Grundlagen und konkrete Bausteine
Freiburg i. Br.: Herder 2017, 410 S., hardcover,
ISBN: 978-3-451-37725-9, EUR 38,00

Der Bochumer Lehrstuhlinhaber für katholische Religionspädagogik und Katechetik Bernhard Grümme wirbt in diesem Buch für eine aufgeklärte Heterogentät in der Religionspädagogik. Er beschreibt Heterogenität als verheißungsvolle Kategorie, da sie viele gegenwärtige und zukünftig vorhersehbare Entwicklungen in einer sinnvollen Perspektive zu vereinen vermag und damit gegenüber dem Pluralitätsbegriff einen Mehrwert bietet: die religiöse Pluralisierung ebenso wie Migrationsbewegungen, Gender-Diskurse, Inklusion oder die wachsende soziale Heterogenität. Ebenso vielfältig sind die semantischen Felder, in denen der Begriff seinen Gebrauch findet und die Grümme einleuchtend beschreibt: Die Pädagogik wie die Ungleichheitsforschung, kritische Subjekttheorien wie den Konstruktivismus. Wichtig ist ihm: Es geht um aufgeklärte Heterogenität. Was unter diesem Begriff zu verstehen ist, leitet Grümme ausführlich im ersten Teil des Buches her, und wieso er als Grundlage gelten kann, wird dabei deutlich. So lässt sich in seiner Wahrnehmung die ganze Geschichte von Schule und Bildung „als Prozesse der Genese und Bearbeitung von Heterogenität und Homogenität rekonstruieren“ (25). Beeindruckend ist die daraus folgende Aufnahme ganz unterschiedlicher Felder von Phänomenen und Semantiken rund um Heterogenität, mit deren Hilfe es ihm entsprechend gelingt, die Ambivalenz des Begriffes und seiner Verwendung und der mit ihm verbundenen Phänomene zu beschreiben – der Begriff ist, so das Fazit hier, in hohem Maße sinnvoll für die Religionspädagogik, zugleich aber auch erklärungsbedürftig und ideologieanfällig und deshalb legitimierungsbedürftig, und so kommt Grümme zur Rede von „aufgeklärter Heterogenität“. Sie nimmt ernst, dass es wenig weiterführt, Unterschiedlichkeit allein wegen der Unterschiedlichkeit zu betonen, Pluralitätsfähigkeit emphatisch einzufordern, ohne die Interdependenzen der unterschiedlichen Phänomene zu berücksichtigen, oder die Diskurse von Normativität und Macht außen vor zu lassen: Selbstreflexiv eingeordnet in den Rahmen von Normativität und Macht, kann sie vielmehr erst durch die Kategorie der Aufgeklärten Heterogenität die interdependenten, teilweise ungleichzeitigen, teilweise sich überlagernden, teilweise verdrängten Bezüge zwischen den diversen Aspekten von Unterschiedlichkeit und Ungleichheit in ein kritisch reflektiertes Verhältnis zu setzen.“ (359) Es überrascht nicht, dass am Ende des Werkes diese Fähigkeit zu aufgeklärter Heterogenität als Querschnittsaufgabe der Religionspädagogik gefordert und beschrieben wird: „Den Subjekten in diesen heterogenen Lebenswelten zu Wahrnehmungs-, Sprach-, Urteils- und Handlungsfähigkeit zu verhelfen, dies ist eine der zentralen Querschnittsaufgaben der Religionspädagogik. Hier liegt das Feld, wo sie ihre Wahrheits- und Zukunftsfähigkeit zu erweisen hat.“ (Ebd.)

Anna-Katharina Szagun/Stefanie Pfister:
Wie kommt Gott in Kinderköpfe?
Praxis frühen religiösen Lernens, Gera: garamond 2017, 200 S.,
softcover, ISBN: 978-3-946964-08-7, EUR 14,00

Szagun und Pfister legen hier ein inhaltlich anregendes und anregend gestaltetes Buch vor, das allen zu empfehlen ist, die sich um bildende Glaubensaneignung im Kindesalter bemühen. Ausgehend von Ergebnissen der eigenen empirischen Studien zur religiösen Entwicklung von Kindern und insbesondere der Entwicklung der Gottesvorstellungen, werden hier in Einzelfällen zunächst Muster von Deutung vorgstellt und in ihren jeweiligen individuellen Kontexten interpretiert. Das Themenspektrum in diesem Teil ist weit, vom Leben bis zum Tod sind viele Kernfragen christlichen Glaubens im Blick der untersuchten und hier vorgestellten Kinder. Somit wird der Horizont des Verstehens und der Verstehensbedingungen geweitet – durch viele Bilder übrigens auch optisch ganz fein. Aufbauend auf diesen Analysen haben die Autorinnen dann eigene Praxisempfehlungen zusammengestellt, Andachten und Anspiele, Erzählungen und Inszenierungen vornehmlich biblischer Geschichten. Eine große Fundgrube ist so entstanden, die Freude macht, weil sich Theorie und Praxis in guter Weise in diesem Buch begegnen!

Fehlerteufel …

Leider ist im Aufsatz „Gemeinsam etwas auf den Weg bringen“ in der **Ausgabe 3–2018, S. 16–18**, einiges falsch gelaufen: Die beiden Fußnoten sind vertauscht und gehören zum je anderen Zitat. Außerdem bricht der zweite Satz des letzten Absatzes abrupt ab (S. 18). Es müsste richtig heißen: „Anderen zu helfen ist insgesamt jedoch der Motivschwerpunkt, Geselligkeit ist es bei Jugendlichen und jungen Erwachsenen.“
Wir bitten unseren Autor Stephan Seidelmann herzlich um Entschuldigung und Sie, liebe Leserinnen und Leser, um Beachtung!

Advent und Weihnachten

Gute Ideen für die Gemeindepädagogik

Kinderbibelgeschichten von der Geburt Jesu

zum Hören

Jesus wird geboren. Die Hörbibel für Kinder. Audio-CD. Gelesen von Katharina Thalbach und Ulrich Noethen

Audio-CD, ca. 35 Minuten Spieldauer
Best.-Nr. 51534 **€ 9.95**

zum Lesen

zum Verteilen und Schenken

Jesus wird geboren. Mini-Bilderbuch.

24 Seiten, geheftet, farbig illustriert
Best.-Nr. 1746 **nur € 1.80**

zum Anschauen im biblischen Erzähltheater

Kamishibai. Erzähltheater für Bildfolgen bis zum DIN A3-Format

Best.-Nr. 51039 **€ 79.00**

Jesus wird geboren. Kamishibai Bildkartenset.

DIN A3, 12-teilige Bildfolge auf festem 300g-Karton, farbig illustriert, inkl. Textvorlage der Geschichte
Best.-Nr. 51037 **€ 14.95**

zum Spielen auf der Erzählschiene

Anwendungsbeispiel

Original Don Bosco Erzählschiene. Das Figurentheater zum Mitmachen

Best.-Nr. 51456 **24.95**

Jesus wird geboren. Spielfiguren für die Erzählschiene.

DIN A4, 8 Seiten mit Textvorlage und methodischen Hinweisen; 8 Bastelbögen mit allen Figuren und Kulissen auf festem 350g-Karton zum Ausschneiden und Gestalten
Best.-Nr. 51509 **€ 10.00**

Bestellen Sie hier:

www.donbosco-medien.de/gemeindepaedagogik
service@donbosco-medien.de
Tel.: 089/48008-330, Fax: -309

DON BOSCO

LEBENDIG. KREATIV. PRAXISNA

71. Jahrgang // Heft 4 // Oktober –Dezember 2018

ISBN 978-3-374-05714-6

Was mir Hoffnung gibt

Disziplin der Hoffnung

Hoffnung statt Wachstum?

PRAXIS GEMEINDEPÄDAGOGIK

ZEITSCHRIFT FÜR EVANGELISCHE BILDUNGSARBEIT

Hoffnung

www.praxis-gemeindepaedagogik.de